社会力の市民的創造

地域再生の政治社会学

藪野祐三 著
Yabuno Yuzo

法律文化社

はじめに

社会力とは何か、そのことを考える前提として、公共事業について、少しお話をしたいと思います。イギリスの経済学者、アダム・スミスは『諸国民の富』（一七七六年）という歴史的名著を著しています。その第五編に「政府の義務経費」について、彼の考えが詳細に述べられています。政府が義務的に予算化しなければならない経費として、彼は①防衛費、②公共事業費、そして③司法費を取り上げています。①の防衛費ですが、国がゆたかになると、隣国との争いが絶えないため、防衛費が必要だというのです。③の司法費は、アダム・スミスが生きていた一八世紀では、訴訟にかかる経費は、訴訟を起こす市民の負担となっていました。政府はこの経費を、主な収入源のひとつとしていたのです。そのため、経費を負担できない市民は訴訟を起こすことができなかったのです。これでは社会的正義を実現することができないとして、訴訟にかかる経費は、政府が負担すべきだと考えたのです。

問題は、②の公共事業費です。公共事業とは、社会的にその有用性が認められていながらも、個人、あるいは複数の個人では費用をまかなうことのできない事業を意味しています。具体的には、道路、橋梁、運河などの交通システムです。交通システムを整備することで、ヒトやモノの往来が自由になり、市場が拡大します。アダム・スミスはこの費用を政府が負担すべきだと考えたのです。

この考えを整理すると、政府が行う公共事業によって地域社会の活性化がすすみ、市民生活がゆたかになるという関係が成立します。ここでの市民は市民個人というよりも、家族を指していると思ってください。なぜなら、アダム・スミスの時代にあっては、たしかに大きな工場が出現し始めていますが、他方で農業は家族単位で生産を行っており、さらに工業生産も家内工業というシステムをとっていました。その結果、政府と市民、というより政府と家族は地域の交通システムを整備する公共事業によって結ばれていたのです。

しかし、今日問題になっているのは、地域の崩壊、家族の崩壊です。アダム・スミスの時代の政府⇕地域⇕家族⇕個人という流れのなかで、今日はその中間項にある地域と家族の崩壊が著しくなっています。地域では過疎化、高齢化がすすみ、他方、家族は個人化し、家族という存在そのものが危機にあります。政府⇕地域⇕家族⇕個人という関係が、中間項の地域と家族が欠落してしまい、政府⇕個人関係として、政府と個人が直接向き合う時代になっています。

家族には家族としての役割がありました。育児、介護、教育、生産も含め、生活に必要なサポートは家族、それも大家族の中で充足されてきたのです。地域もそうです。生産と消費は、現在でいう地産地消に近い形態をとって、それなりに自立していました。しかし、家族が崩壊してしまった以上、家族が担っていた、介護、育児、家庭教育といった機能を地域で担う必要が生まれてきました。保育所の増設、介護施設の増設、学童保育の拡大などです。

しかし残念なことに、家庭機能を代替する地域そのものが過疎化と高齢化、そして少子化を経験し始めています。その結果、たとえば年金、介護保険などのサービスを受けるにあたって、政府と市民の直接的な関係が必要となってきています。

しかし政府は、これらの地域の面倒をみるには、組織として大きすぎるのです。そこで必要とされるのが地域の再生であり、それを担う力こそ社会力です。公共事業は、社会的に必要性が認められているにもかかわらず、個人ではその費用負担に耐えかねる事業を指していました。と同時に、公共事業によって地域はそれなりに潤っていたのです。

その例に倣《なら》っていえば、社会力は、社会的に必要と認められているし、また地域や家族はそれを充足する能力があるといえます。その意味で、公共事業とは異なり、意思ある個人が努力すれば回復することのできる力なのです。個人が意思をもてば回復することができる力、この点を十分念頭におく必要があります。

企業の派遣切りによって多くのホームレスが生まれた二〇〇八年末、市民の力によって派遣村が設営されました。このように、個人の力をもう一度、再構築して地域を再生するための社会力を創りあげていく必要があるのです。そのことを問題にして、この本のタイトルは『社会力の市民的創造』となっています。地域の再生は、個人、個人の力を社会という広がりに結びつけ、社会力として創造することで果たされるのです。個人の力で、社会力は創造できるのです。具体的な内容は本論で触れるとして、みなさんも一人ひとりで社会力を身につける方法を、わたしと一緒に考えてみることにしましょう。

二〇一〇年八月一日

藪野祐三

社会力の市民的創造◉目　次

第Ⅲ部　日常性のなかの市民と社会力◉「蟻の目」目線と社会力

あとがき

第Ⅰ部

社会力の市民的創造

序章　知（キーワード）の整理

現在、日本社会では様々な問題が発生しています。伝統的な産業の衰退による雇用の減少、少子高齢化による人口構成のバランスの欠如、あるいは、限界集落の発生という現象もそのひとつです。限界集落とは、若者が少なくほとんどの住民が高齢者だけで構成されている地域を意味します。これらの例をみると、現在の日本社会は、経済的には雇用が不安定であること、人口的には子どもが少なく高齢者が多いこと、そして地域的には過疎化がすすんでいることなどが理解できます。

一般的にいって、労働可能な人口が多く、都市と農村のバランスが取れていることが、健全な社会の姿です。しかし、現在の日本では、人生の両端に位置する、出生と子育て、高齢化と介護という問題が重きをなしています。また、過疎化がすすんでいますが、それは単に限界集落という過疎地域特有のものではなく、都市でもそれがすすんでいるのです。たとえば、町の駅前商店街の崩壊、都会の高層アパートに住む独居老人の増大など、社会を支える若者の減少は様々な地域で発生しています。スーパー・マーケットが撤退したために、団地の高齢者が買い物に行けない「買い物難民」になる現象も、その典型のひとつです。

このような現象は、社会の力を弱めます。その意味で、現在日本の社会に求められているのは、社会の力を再生することだといえるでしょう。この本のタイトルは『社会力の市民的創造』となっています。従来から社会力は必要とされていましたが、ここでは、社会力を創造する今日的あり方に焦点を絞りたいと思います。そして、この社会力の新しい創造をつかさどる働きを政治に期待すべきなのか、それとも市民に期待すべきなのかを問題にしています。この本では現在日本の社会が抱えている問題をつまびらかにし、それらの問題を市民主導によって解決するための糸口を示すことを目的としています。

この目的を果たすために、いくつかのキーワードを準備しました。そのキーワードを積み上げるなかで、この本の目的を果たしたいと考えています。まず第一に、地域と社会です。地域という言葉は、それなりに理解が容易です。地図の上に線を引き、その線で囲まれた空間を地域と理解すればよいのです。しかし、社会という言葉は多義的です。労働者の社会、企業家の社会、あるいは男性の社会、女性の社会といった使われ方がなされます。人々がある程度、何らかの共通テーマをもって集まる塊を社会と呼ぶのでしょう。

このように理解すれば、地域とは物理的空間を意味し、社会とは精神的空間を意味すると考えれば、この二つの相違を理解できるのではないでしょうか。実は、地域という物理空間の中に、様々な精神的空間である社会が存在しています。大人の社会、子どもの社会、男性の社会、女性の社会、学校という社会、家族という社会、などです。再度確認しておけば、地域とは地理的空間を意味しますが、社会とは精神的空間を意味します。その意味で、地域の再生のために、地域の中に社会を創造する必要があると考えています。「地域の中の社会」という発想が、この本の基本にあります。要約していえば、地理的な空間に活路を見出すのではなく、精神的な空間に日本の活路を見出したいのです。

このように説明すれば、地域が大きくて、社会は地域の中にあるよりも小さい空間だと思われるかもしれません。しかし、社会という精神的空間は、世界各地の地理的、物理的空間を網羅することがあります。たとえば、ＮＧＯという精神的空間を担う社会は、日本と途上国の間の地域間協力を促進しています。しかし、とりあえず、地域の中に社会があると仮定して、社会力の創造を考えていくことにしましょう。

他方、副題は「地域再生の政治社会学」となっています。この点について、少し触れておきます。従来の社会に新しい力を創造する必要があります。平易にいえば、社会のリフォームによって地域を再生する必要があるのです。その意味でこの本では、地域の中にある社会の変化を中心に分析をし、その結果として地域の再生を考えたいと思っています。その場面で、どれだけ政治の力が必要かを論じたいのです。政治に依存していいのか、いや端的にいえば、政府や自治体に依存していいのか、それとも自助、自立の思想で市民自らの手で再生を果たすべきなのか、その問題に焦点を絞ろうと考えています。

このように地域、社会、政治、市民、地域というこの本の全体を貫く知（キーワード）を整理しましたが、それが総論にあたるとしますと、各論にあたる知（キーワード）の整理も必要です。

各論として、いくつかのキーワードが登場します。第1章では、近代化、国際化、そしてグローバル化というキーワードが登場します。結論からいえば、一九六〇年代が近代化の時代です。そして一九八〇年代が国際化の時代で、二一世紀にグローバル化の時代に入ります。約二〇年ごとに区切られるこの三つの時代によって、社会は大きく変化します。そして、先に述べたような現在日本の社会にみられる病理現象が顕著になってきたのです。その意味で、近代化、国際化、グローバル化の三つが時代の流れを示すキーワードです（図表Ⅰ参照）。

図表Ⅰ　年代区分とキーワード

年　代	キーワード
1960年代	近　代　化
1980年代	国　際　化
2000年代	グローバル化

実は二一世紀の日本の現在を考えるにあたって、歴史的に戦後の日本を鳥瞰するなかで、まさに今日という現在を浮き彫りにしたいという、わたしの意図があります。この意図を実現するために、戦後という時代の出発を起点として、現在を考えたいのです。

この一組のキーワードに加えて、第1章では、時間軸、空間軸というキーワードが登場します。わたしたちが企業や組織、団体を形成するにあたり、時間と空間という資源をどのように使っているのかが問われます。たとえば、明治以来の日本が西洋諸国に追いつくために、様々な技術や知識を蓄積してきました。それらの技術や知識の源は西洋にあるとしても、それに習いながら日本独自の技術や知識を築きあげてきたのです。そこには、技術を育てる時間、知識を蓄える時間が必要でした。それはちょうど、草花を育てるのと同じです。梅雨時に田植えをしても、実りの秋まで時間をかけないと、お米はできません。その意味で、日本は近代化するために時間という資源を利用してきたのです。いや、もっと適切にいえば、時間をかけなければ、何も成功しなかったのです。一九六四年に、世界で初めての高速の軌道交通体系が日本で完成しました。新幹線のことです。世界に先駆けて高速軌道交通を完成させるには、日本のたゆみない技術の積み重ねがあったのです。

しかし二一世紀も一〇年経った現在、わたしたちは企業や組織、あるいは団体を形成するにあたり、時間という資源よりも空間という資源に着目しています。資源としての空間といっても、あまり馴染みのない考えですが、具体的にいえば、空間、すなわち自らの足元で時間をかけて企業を育てあげるのではなく、人材、資材、ノウハウなど企業に必要な資源は他の国から輸入すればいいのです。輸入とは、まさに国家Aから国家Bへと様々な資源が空間移動することを意味しています。たとえば、世界最大の航空機メーカーであるボーイング社は、新しい機種であるB′787の多くの部品を日本から調達しています。主翼の部分は日本製ですし、航空機の背骨もまた日本製です。

これは単に物理的な資源だけを意味するのではありません。人材もまた、他の国、他の企業から引き抜いてくるのです。みなさんの馴染み深い言葉でいえば、「ヘッドハンティング」です。

自分で育てるのではなく必要な資源を他の場所から引っこ抜いてくる、これを空間移動と呼び、空間が時間よりも大切な資源になっているとして、現代の社会を理解してほしいのです。

他方、第2章では、キーワードとして政府と市民が登場してきます。すなわち、近代化の時代は、政府が主たる役割を果たすのに対して、グローバル化の時代には、市民が主たる役割を果たします。つまり時代によって、その時代を牽引する主体が異なるのです。

明治以来、日本の近代化には、政府が大きな役割を担いました。たとえば、一九〇一年に日本で最初の溶鉱炉が完成します。官営八幡製鉄所です。戦後においては、鉄道輸送を担っていたのが国鉄ですし、航空機に関しては政府が株主である日本航空、すなわちＪＡＬでした。

しかし二〇世紀末から、政府は必要ないのではないかという議論が始まります。ただ誤解してはならない点は、政府がまったく必要ないというのではなく、政府の働きがますます小さくなることが論じられたのです。スーザン・ストレンジという国際経済学者は、この政府の必要性が小さくなる状況を分析して一九九六年に『国家の退場』という本を出版しています。

では、退場した国家に代わってどのような主体が時代を担い、時代を牽引していくのでしょうか。それが市民なのです。といっても人間としての市民ではなく、企業なのです。みなさんに馴染みの深い言葉でいえば、国家主導から市場主導へと変わることを意味しています。

市場の中で主な活動を果たすのが企業です。端的にいえば、民間です。それをあえて市民と呼ぶには、それなりの理由があります。現在では企業もまた、企業市民として市民性を備えなけれ

図表Ⅱ　時代とリソース、そして担い手

時　代	主たるリソース	主たる担い手
近代化	時間軸	政府
国際化	（転換期）	
グローバル化	空間軸	市民

ばならないといわれています。政府以外のあらゆる組織を市民性を備えた組織と考えなければならないのです。と同時に、政府に代わって企業などの営利組織とともに、様々な組織、団体が時代の主役となってきます。経済的には当然、会社であり企業ですが、住民レベルからみれば、NPOや各種ボランティア団体が社会の主役に躍り出てくるのです。

この時代の特性と、時代の担い手を図式化してみましょう。ただ、時代を図表Ⅱのように三つに区分しましたが、基本となる時代は「近代化」と「グローバル化」です。というのも、この二つの時代は時代を支える基本的な構造がまったく異なるからです。その意味で、以下の分析も「近代化」と「グローバル化」を対立軸としてすすめることになりますので、「国際化」はあくまでも二つの時代の移行期として理解してください。

そこで、これらのキーワードをもとにして、日本の社会がどのように変化し、現在どのような課題に直面しているのかについて、次の章から考えていくことにしましょう。

第1章 グローバル化の負の遺産

1 グローバル化の時代

第1章では、グローバル化という歴史の波が、どのように日本の社会に変化を迫ったのかについて考えてみたいと思います。グローバル化といえば、時代が、社会が、そして国家が新しい局面に入っていく感覚にとらわれます。グローバル化を否定しては、わたしたちは生きてはいけないと思いがちです。たしかに、グローバル化の時代を迎え、世界はひとつになったことは否めません。たとえば、インターネットで瞬時に地球の裏側の人々とメールのやり取りができることなど、一〇年前、二〇年前には想像もできませんでした。

しかしグローバル化は「正」の側面、すなわちポジティブな側面をもたらしましたが、反面、「負」の側面、すなわちネガティブな側面も、もたらしたことは否定できません。このネガティブな側面を浮かび上がらせ、と同時に、このネガティブな側面が地域社会にどのような変化を迫ったのか、そしてその変化を克服する方法はあるのか、これらの点について分析を加えようと試みたのが、この本全体の意図です。

では、グローバル化の時代とは、どんな時代を意味するのでしょうか。このことは、ものごとを考える場合の基本ですが、グローバル化とは何かを考える場合、他の何かと比較することで、それが意味する内容がより具体的に理解できます。

たとえば、民主主義とは何かといった場合、民主主義そのものにとどまって考えるのではなく、民主主義と対立するものを考えるといいのです。「民主」の反対は「君主」です。ですから、民主主義の対立概念は君主主義ということになります。君主が一人で決めるのが君主主義、それに対して民（たみ）がみんなで決めるのが民主主義だと理解すれば、君主から民主に政治的権限を移行したのが近代革命だということが理解できます。イギリスは名誉革命によって、いいかえれば契約によって君主から民主への権力の移行を平和的に果たしますが、フランスはルイ一六世をギロチンにかけるという革命的方法、すなわちフランス革命によって、権限を暴力的に君主から民主に移行させたのです。アメリカはイギリスから独立戦争を勝ち取ることで、世界で初めての植民地独立を果たし、最初の新興国家として主権をイギリスから奪い取ったのです。

これはひとつの例ですが、グローバル化を考える場合、その時代に先行する近代化と比較することで、グローバル化の意味がよく理解できます。結論からいえば、グローバル化の対概念は近代化です。近代化という言葉も、明治以来様々な場面で使用されていますが、ここで取り上げる近代化とは第二次世界大戦以後に起きた一九六〇年代の近代化です。そのことについて、一定の理解を深めたいと思います。

戦後日本で、近代化という言葉が重きをなしたのは一九六〇年代からです。当時は、世界はまだアメリカとソ連という二つの超大国で分割されていました。とりわけ一九六〇年代の一〇年間は、近代化という言葉とともに、経済が急激に成長したので高度成長期とも呼ばれています。たとえば、一九六四年に東京オリンピックが開催され、同じ年に東海道新幹線が開通しています。高速道路も建設がすすみ、一九七〇年には大阪万博が開催されました。

近代化の波は、その後約二〇年遅れて、日本以外のアジアに及ぶようになったのです。それまで、近代化に成功した世界の主要工業国といえば、アメリカとヨーロッパ、そして日本に独占されていたのですが、一九八〇年代からアジアで、それも東アジア、東南アジアで工業化がすすんでいきました。韓国、台湾、ホンコン、シンガポールといった国々が近代化に成功したのです。

一般に国家が近代化するためには、二つの革命を必要とするといわれていました。それは「市民革命」と「産業革命」です。市民革命によって、市民は政治権力を君主から奪い取るのです。端的にいえば、民主化革命です。もう一つは、生産を農業から工業化することに成功させる産業革命です。世界史的にいえば、一七七〇年代から一八三〇年代の約六〇年にわたってイギリスで起きたエネルギー上の革命を産業革命と呼びます。

この産業革命が、日本以外のアジアの国と地域で発生したのです。それは、前述の韓国など四つの国と地域です。しかし、これらの国と地域は植民地支配を経験した国家ばかりで、ホンコンにあっては、近代化当時はまだイギリスの支配下にありました。このような例外的な国家や地域の中で、先進諸国が経験してきた産業革命を起こしたのです。

一九七〇年代初頭には、将来はアジアだけではなく、南米や東欧もまた近代化に成功するといわれていましたが、不思議と一九八〇年代に、アジアだけが成功したのです。そして、このアジアにおける近代化の成功が世界の構図を大きく変えました。それまで世界は、アメリカとソ連によって支配されていましたが、とりわけアジアで目覚ましい工業化が発生し、これらのアジア工業国との交易を図ろうとする傾向が拡大してきたのです。

近代化の時代は、欧米諸国そして日本と比べて、その他のアジアの地域とは異なりますが、いずれにしても産業革命に成功した時代を近代化の時代と呼ぶことができます。このように近代化には二つの時代があり、日本やヨーロッパが経験した一九六〇年代の近代化と、一九八〇年代に経験したアジアの近代化がありますが、グローバル化の対概念としてとらえる場合は一九六〇年代の近代化を指します。

さて、世界は一九六〇年代の近代化の時代を終え、一九八〇年代には国際化の時代に入ります。やや細部に入りますが、実は世界が国際化の時代に向かっているときに、いま述べたように、アジアの近代化が始まるのです。正確にいえば、世界が国際化した一九八〇年代に、アジアでは遅れて近代化が始まりますが、遅れてきた国の優位点は、先進国に追いつくのが早いことです。これを「後発の優位」といいますが、遅れて近代化したアジアも、一九八〇年代後半には近代化から急激に国際化への道をたどります。

国際化という時代は、近代化とグローバル化の時代の中間に位置します。そこで、国際化の意味について、分析を加えてみることにしましょう。では、国際化とグローバル化はどのように異なるのでしょうか。端的にいえば、国際化の時代は貿易を行う諸国が近隣に位置していますが、グローバル化の時代は、近隣だけではなく、まさにグローブ（地球）的規模にまで拡大するのです。

たとえば、日本も例外ではなく、国際化の時代にあっては、日本は世界を相手にして貿易をするのではなく、近隣諸国との関係を深める傾向を示していました。お隣の韓国と仲良くなったり、中国への旅行者が増えたりする傾向を意味します。一九八〇年代の国際化の時代には、日本国民の中で一〇〇〇万人の人々が海外旅行を経験するようになりました。経済は国境を越え、国境のないボーダーレスの時代に突入したといわれています。

しかし一九九一年の八月、ソ連が崩壊することによって、国際化の波は地球規模に及んできます。一九四五年に第二次世界大戦が終了しますが、第二次世界大戦で分割された国家が四つありました。それは東西ドイツ、南北ベトナム、中国・台湾そして韓国・北朝鮮です。この四つの分断国家の中で、南北ベトナムはアメリカとの戦争に勝利し、一九七五年に統一します。

しかし一九八九年になって、東西ベルリン市民がベルリンを分断している東西の壁を破壊し始めたのです。ベトナム統一は武力で行われましたが、ドイツ統一は市民が、市民による、市民のための統一を果たしたのです。これは画期的な出来事でした。この波は早晩、ソ連の崩壊に至るのではないかと予想されていました。

なんと、ベルリンの壁崩壊の二年後、一九九一年の八月にソ連が崩壊したのです。ソ連の最高指導者ゴルバチョフが拉致され、共産党政権の崩壊は一瞬にして、そしてきわめて平和裏に行われたのです。

革命当日、わたしはモスクワ空港にいました。ハンガリーから日本に帰る途中に、トランジットでモスクワにいたのです。さして革命を実感したわけではありませんが、逃亡者がいないかを調べるために、自動小銃をもったロシアの兵隊四、五名が客室に入り、一人ひとりの顔を確認していたのを記憶しています。

ベルリンの壁の崩壊、さらにソ連の崩壊は、社会主義という陣営の消滅を意味し、世界は急速にひとつになり始めました。国際化の時代は、ある特定の国家と国家が交流する、あるいはある特定の地域と地域が交流するというかたちで、交流の対象がある程度限定されていましたが、社会主義陣営の崩壊以後、世界はひとつになったのです。まさに対象国家、対象地域を問わない世界がひとつになる時代、すなわちグローバル化の時代が始まったのです。

国際化の時代は、ある程度、国家が地域的なブロックを形成し、その内部での経済交流を盛んにする傾向がありました。具体的には、アメリカを中心とする「北米経済圏」、現在のＥＵを形成する土台となった「ヨーロッパ経済圏」、それに日本、中国を中心とする「東アジア経済圏」です。この三つの経済圏は、生産規模においてほぼ互角にあり、相互に競い合う関係にありました。当時の日本はアジアブームの渦中にあり、まさにアジア経済の牽引車としての働きをしたのです。

たしかに国際化は、それまで近代化という枠組みの中で閉鎖された国民国家の政治、経済、社会に対する感覚を、国家の内側ではなく、国家の外側、すなわち海外へと向けて開かれたものにしたという成果を挙げました。

しかし「正」の成果だけではありません。問題は、ここから始まります。当然、国際化にともなう「負」の遺産も発生しました。たとえば、日本の労働者の賃金が高いため、日本の多くの企業は、生産コストの削減を目的として、労働力が安価な国に工場を海外移転させました。その結果、日本の企業は利潤を上げたのですが、それが日本人の雇用確保と生活安定に結びついたわけではありません。このような状況を産業空洞化と呼びます。たしかに日本は堅実な産業が成長するのですが、それが日本人の雇用と結びつかないのです。産業の中身がカラになっているのと同じ状態です。

ただ、グローバル化の前身にあたる国際化は「正」の成果、「負」の遺産をもたらしましたが、それらの影響範囲はアジアに限定されていました。たとえば、アジアのある国家の経済状況が悪化しても、それはアジア域内にとどまる程度で、世界に波及することはなかったのです。具体的にいえば、一九九〇年代には、タイや韓国で経済危機が発生しましたが、それはアジア規模にとどまるものでした。

国際化に続くグローバル化は、国際化以上の大きな変化をもたらしたのです。それは経済の規模が地域的広がりの規模を超えて、地球的規模になったからです。たとえば通信ですと、日本のある地域で電子メールを送信すると、瞬時にして世界のあらゆる地域に届きます。これは驚きです。情報が地球規模になれば、情報に応じて経済活動も広範囲化します。この過程で、グローバル化は世界を平和で相互に反映し合える時代を約束したように理解されました。

しかし「負」の遺産も、国際化の時代に比べて、より大きくなったのです。身近な例でいえば、鳥インフルエンザが発生しても、即座に地球的規模に被害が拡大するのです。さらに、リーマン・ショックといわれるアメリカ経済の悪化は、即座に世界経済の悪化に連鎖しました。二〇一〇年段階では、EU加盟国であるギリシャが財政破綻をきたしました。それは単にギリシャだけの問題ですが、ヨーロッパ経済に悪影響を及ぼし、さらにアメリカにも日本にも影響を与え始めたのです。グローバル化は危機もグローバル化するという点を忘れてはなりません。

問題は、このようなグローバル化の時代にあって、日本の政治社会はどのように変化を遂げ、あるいは変化を余儀なくされたのかを分析することにあります。しかし、それ以前に、近代化、国際化、グローバル化の内容について、整理しておくことにしましょう。

2　三つの時代――近代化・国際化・グローバル化

さて、以上の分析で、近代化、国際化、グローバル化という三つのキーワードが登場しました。そこで、やや重複する部分もありますが、いま一度、この三つのキーワードを理解しておくことにしましょう。結論からいえば、グローバル化の対概念が近代化であり、国際化はこの二つの時代の橋渡しをする時代です。繰り返せば、グローバル化の対立軸が近代化で、この二つの時代の橋渡しとして国際化があると思ってください。

では、近代化とは何なのでしょうか。近代化を端的に示すものは経済成長です。ある国の経済が急に成長していく過程を近代化と呼びます。たとえば、年間一〇％前後の経済成長率を示す国は、典型的な近代化途上にある国だといえます。

それ以前に、二つの資源を理解しておきましょう。それは、序章でも述べたように、時間と空間です。時間と空間は、わたしたちの生活に不可欠な資源です。たとえば、誰かと待ち合わせたとしましょう。○時○分に会いましょうといって、時間を決めても、会う場所＝空間を決めなければ、二人は出会うことはできません。同じ場所を、異なる時間に二人は通っているかもしれません。その意味では、空間を共有しています。しかし、時間は共有してはいません。

逆に、Aさんはロンドンに、Bさんは東京にいたとしましょう。出会う空間はありません。なぜなら空間は、ロンドンと東京とは何千キロも離れているのです。しかし、〇時〇分に電話をしようと約束すれば、時間を共有できて、互いにコミュニケーションができます。しかし、場所を共有していないので、お互いに顔を見合わすことはできません。最近では、テレビ電話が普及して、バーチャルに時間と空間を共有できるようになっていますが、基本的には、たとえば二人の約束は、時間と場所（空間）を決めることから始まります。このように時間と空間は、わたしたちの生活を規定する根本的な概念です。

このことは、国家建設にあたってもいえることです。時間軸を中心に国家建設を行う場合、国家の近代化といいます。近代化は、隣の国への広がりを気にしないで、自分の国家だけが成長することを意味しています。近代化するには、階段を昇っていかなければなりません。学校教育はきわめて時間軸を中心として制度化されています。小学校一年生を終え、二年生、三年生とすすみ、六年生で卒業し、中学にすすみます。時間をかけて教育を行うのです。

企業にあっても、社員を育て、技術を身につけ、先輩の見習いを終えて、一人前の企業人として成長します。近代化は、まさにこの成長という力によって成立している概念です。そこでは、時間の経過を必要とする社会が厳然として存在意義を示します。時間を大切にします。たとえば、お米、お酒あるいは果物などの生産は、時間をかけないと果実を手にすることができません。

日本では、一九六〇年代を近代化の時代として位置づけることができます。よく知られているように、一九六〇年代の日本は目覚ましい近代化を遂げました。一九六四年には東京オリンピックが開催され、同時に新幹線も開業しました。さらに一九七〇年には、大阪万博が開催され、年間の経済成長率は一〇%前後を推移したのです。

しかしこの近代化は日本だけのものであり、お隣の韓国や中国は、経済的には日本の後を追いかけていました。自分の国で技術を高め、市民の手で自分の国をゆたかにしていったのです。

歴史的にいえば、単に一九六〇年代だけではなく、明治以来、日本は近代化の道をまっしぐらに走ってきたのです。たしかに、様々な技術をヨーロッパやアメリカから学習してきました。しかし、それらの技術を再度高度化して、メイド・イン・ジャパンと呼ばれるまでに改良したのです。この改良の技術は、まさに日本が時間のなかで、歴史のなかで、独自に造り上げてきたものです。

しかし、グローバル化の時代は、経済成長はまったく近代化と異なった条件で果たされます。たとえば、自分の会社に優秀な人材がいない場合、自社で社員を育てるのではなく、アウトソーシングして他の国、他の会社から人材を引き抜きます。そこでは、時間をかけて技術を高め、人材を養成しようという発想は希薄です。

一九九〇年代の初め、インドネシアのバタム島を旅したことがあります。そこで見た風景はきわめて新鮮なものでした。住宅は貧相なトタン屋根ですが、テレビが備えられているのです。水道は完備していませんが、子どもたちはマウンティング・バイクに乗り、カシオの腕時計をしているのです。電力はありませんが、夜間は自家用発電機によって、電灯をつけているのです。

図表Ⅲ　近代化とグローバル化の比較対象

1960年代	近　代　化	時　間　軸	自国生産
1980年代	（中間としての国際化）		
2000年以降	グローバル化	空　間　軸	多国生産

近代化時代は生活全体がゆたかになることを予測しましたが、グローバル化時代は生活のある断面だけがゆたかになるのです。近代化のゆたかさは、比ゆ的にいえばパッケージされたゆたかさですが、グローバル化のゆたかさは、パッケージではなく、パーツ（部品）型です。自分の国でテレビが生産できなくとも、安価な外国製のテレビを購入できるのです。ゆたかなパーツだけを生活のなかに埋め込むのです。

そこでは、ゆたかさは時間移動するのではなく、空間移動を始めます。ゆたかな国においても、すでに述べたように、自分で何でも開発するのではなく、開発された製品だけを輸入すればいいのです。ヒト、モノ、カネ、そして情報が水平移動するのです。それも瞬時に移動するのです。

さらに、世界がひとつの工場です。たとえば、ある自動車会社が自動車を生産する場合、エンジンは安価に生産できる国家Aで製作し、ボディーは同じく安価にできる国家Bで製造します。そして最終的に国家Cでアセンブリー・ラインを作り自動車を完成させるのです。この過程では、自動車部品は世界を水平移動しています。

近代化時代は、何でも自国生産にこだわりました。というのも、他国では自国ほどの技術レベルを発見できなかったからですが、グローバル化時代は、自国内での生産完結を求めません。必要なヒト、モノ、カネ、情報を即座に水平移動させて自国にもってくるのです。ここで、近代化、グローバル化の相違を整理しておくことにしましょう（図表Ⅲ参照）。日本社会を分析するにあたっても、近代化の時代とグローバル化の時代を区分して分析にあたらなければなりません。というのも、まさにそれぞれの時代で、日本の社会もまったく異なるからです。日本社会も世界状況の影響を受けないわけにはいかないのです。

3　社会と社会主義

近代化⇒国際化⇒グローバル化の流れについての分析をひとまずおいて、わたしたちの生活の基本的な組織である「社会」とは何かについて、考えてみることにしましょう。社会という言葉は、様々な言葉と一緒に使用することができます。たとえば、農業社会、工業社会、地域社会、国際社会などです。このような多義性をもつ社会ですが、社会を成り立たせている一番基本的な組織は家族です。

そこで家族をみる前に、「社会」とは何かについて分析を加えておくことにしましょう。「社会」という言葉をよく耳にしますが、不思議なことに「社会」を逆転させれば、「会社」となります。では、社会と会社はどのように異なるのでしょうか。身近な例でいいますと、通常働いている人は、お昼に「会社」に出かけて、夜間に「社会」に戻ります。会社は働く場であり、お給料をもらう場です。そして、会社が終わって人々は家路につき、会社の反対側に位置する社会に戻るのです。社会では、飲み屋に行ったり、家族団らんを楽しんだり、自由にリフレッシュな時間を享受するのです。

やや単純に整理しすぎですが、会社は労働の現場であり、社会は消費の現場なのです。ダニエル・ベルというアメリカの社会学者が書いた面白い本があります。タイトルは『資本主義の文化的矛盾』で、政治・経済・文化の三つの分野の分析とそれらの矛盾を展開しているのですが、その中で労働者に視点をあてています。内容はこうです。若い方々にはなじみの薄い学者ですが、カール・マルクスという経済学者、哲学者、いや社会思想家、端的にいえばあらゆる分野の社会科学に精通した人がいました。生誕は一八一八年、没したのは一八八三年ですが、彼の書いた本に『資本論』という歴史的な名著があります。その中でマルクスは、労働者がいかに搾取され、貧困な生活を送っているかを語っています。しかし二〇世紀に入って、ベルはそれはおかしいのではないかと論じるのです。実は、ベルが着目した点は消費者の視点です。資本家は安い賃金で労働者を働かせます。しかし、生産した商品を購入するのは労働者ですから、労働者の賃金が安いと、労働者が生産した商品を、いったい誰が購入するのかと問いかけるのです。

経済学にも「生産の経済学」と「消費の経済学」があります。一般に「生産の経済学」は「サプライ・サイド経済学」と呼ばれ、「消費の経済学」は「デマンド・サイド経済学」と呼ばれています。

この生産の場、すなわち会社で仕事をする時間・空間と、消費の場、すなわち家庭で消費を楽しむ時間・空間とが分離し始めたことが、二〇世紀の大きな特徴です。それ以前は、生産の場と消費の場が、社会で包み込まれていました。生産の場も家庭であり、消費の場も家庭だったのです。この家庭を包み込むかたちで地域という社会があったのです。現在でも、第一次産業にあたる農業、林業、水産業は、家族担任で生産に励みます。

端的にいえば、農業も工業も家族が基本でした。たとえば、工業化の出発も家内工業でした。しかし、労働と消費が分離していく一八世紀にあって、労働と消費を総合的にとらえて、社会という組織をゆたかに保とうとした思想があったのです。それが、「社会主義」です。すなわち、社会の中に生産があり、消費がある、そんな社会の創造です。一般にこのような思想を「社会主義」と呼びます。

二一世紀の現在というときに、社会主義を語ることは時代錯誤のように思われるかもしれません。しかし、社会主義とは元来、国家主義に反対して、生産と消費が自己完結するゆたかな組織を作ろうとした思想なのです。国家に頼らず、自らの社会の中で、疎外されないゆたかな生活の場を想像しようとしたのが、本来の「社会の主義」なのです。

具体的にいえば、フリードリヒ・エンゲルスという哲学者が「空想的社会主義」と呼んだ人々がいます。それは、ロバート・オーエン、サン・シモン、そしてシャルル・フーリエです。彼らは、相互扶助に満ちた社会を創造しようとして、社会主義という思想をつくりだしました。その意味で、本来は「地域社会主義」であったのが、「国家社会主義」に変質してしまったのです。「社会の主義」を実現するのは、地域社会であり、国家支配を排除しようとしましたが、後年、ウラジーミル・レーニンというロシアの革命家によって、「地域社会主義」に代わって「国家社会主義」が提唱され、一九一七年には社会主義国家、ソ連が成立するのです。ここでは、社会主義のゆたかな思想が、自立した社会によって創造されるのではなく、権力を握った国家によって実現しようとされたのです。本来、社会主義、すなわち「社会の主義」を国家によって実現しようとすること自体、矛盾した考えなのです。

「社会の主義」は社会によって実現されるもので、国家によって実現されるものではありません。二一世紀の今日、日本の身近な例でいえば、地方分権、地域主権といった言葉をよく目にしますが、これらの言葉が意味している内容は、政府が何でも決定するのではなく、それぞれの地域が自主的にものごとを決定すべきだという、市民目線に立った思想です。これは、まさに一八世紀に社会主義者たちが考えていた思想です。

社会主義の思想の誕生から二世紀も経過して、初めて本来の社会主義の思想が日本においても理解されるようになったのです。しかしよく考えてみると、社会主義、すなわち生産と消費を総合して、家庭、地域でゆたかな支え合いができる、そんな社会を必要とするからこそ、今、社会の主義が説かれているといえます。逆にいえば、それが実現できない条件が、現代には蔓延しているのです。

そこで、社会の主義を実現することを阻んでいる条件とはいったい何なのか、分析を加えてみることにしましょう。

4　グローバル化の負の遺産

近代化の時代は、それなりに社会は健全に機能していたといってよいでしょう。たしかに日本では、一九六〇年代に都市化がすすみました。一九六〇年代の日本は、重化学工業を中心とした産業構造をもち、世界の工場として君臨していました。その過程で、多くの若者が都会に働きに出かけ、その結果、農村の過疎化が始まったのです。

また、多くの三〇代、四〇代の男性は都市に働きに出かけました。その結果、当時の農家には「じいちゃん」「ばあちゃん」だけが取り残され、多くの「かあちゃん」が一人で農業を支えました。まさに三人の「〇〇ちゃん」だけが残されたのです。三人の「〇〇ちゃん」で「三ちゃん」農業と呼ばれたのです。

しかしそれでもまだ、社会はそれなりに機能していました。というのも、団塊の世代、すなわち戦後生まれの二〇代後半から三〇代前半の多くの人々は「マイホーム」を夢みて、労働に励みました。労働の意欲をマイホーム建設に向けたのです。これは一般に「マイホーム主義」といわれますが、社会はさておいても、マイホームすなわちマイ家庭を基本に社会が形成されていたのです。

この過程では、多くの団地が、あるいはニュータウンが形成されます。たしかに農村の過疎化が始まり、その意味で農村社会の崩壊はすでに一九六〇年代から始まっていたのですが、それと裏腹に新しい社会、すなわちニュータウンが多くの地域で形成されたのです。

団塊の世代は、三〇年以上のローンを組んでマイホームを購入します。それには、長期安定雇用が前提です。三〇年間、同一企業で働き続けることが可能な条件が必要です。雇用にも、終身まで雇用されるという時間の長さを基本とする考え方でした。

そこには、古典的な家内工業的要素は消滅しましたが、住居という単位をベースに地域社会はそれなりに機能していたといえるでしょう。ニュータウンでは、高齢化はまだ始まっておらず、多くの子どもが誕生し、地域社会の働きは子どもたちを育てることに重点があったといえるでしょう。

子どもが成長するにはやはり時間が必要です。その意味で、社会は時間軸を中心に形成されていました。ある地域社会で時間をかける、と同時に時間をかけてその地域社会をゆたかにするという発想が、それなりに機能していたのです。

しかしグローバル化は、時間軸を無意味なものにしていきました。家族や地域が内に向かっても、外に向かっても多くの変化を遂げ始めたのです。まず、家族や地域が内に向かってどのように変化したのかについて、考えてみることにしましょう。

一定の結論からいえば、家族や地域といった集団の時代を脱して、状況は「個人の時代」に突入していったのです。家族という入れ物は、たしかに存在するのですが、家族のメンバー分だけ個室があり、食事は家族で団らんを楽しむ時代から個食の時代に変化しました。同じように、地域も集団としての受け皿機能を失っていきます。具体的には結論部分で述べますが、家族が個人化したために、家族が担っていた機能を地域にゆだねなければならなくなったのです。地域介護や地域保育といった発想です。しかし、地域そのものも力を失っており、家族の代替を果たすことができなくなってきています。端的にいえば、家族機能の家族外化の時代に入ったのです。にもかかわらず地域は過疎化し、高齢化し、地域機能を失い始めているのです。

では、なぜ人々は個人化を求めるのでしょうか。それは、時間を自由に使うことができるからです。一家団らんで食事を楽しむには、時間拘束が必要です。しかし、人々は自分の気の向くままに時間を楽しみたいのです。

では、家族や地域は外に向かってどのように変化してきているのでしょうか。グローバル化の時代は、空間移動をたやすくします。そのため、とりわけ生産のグローバル化が発生します。すでに述べたように、ボーイング社が製造する飛行機の翼の部分は日本製です。その結果、安価な労働力、高度な技術を求めて、企業はグローバル化するのです。グローバル化によって、消費生活はますます便利になり、モノは安価になります。外国製品が安価であるがために、企業の競争原理が働き、価格破壊がますます進みます。その結果、地域では郊外型大型スーパーマーケットが幅を利かせ、地域に根づいていた駅前商店街などが、シャッター通りになってしまったのです。問題は、家庭がこのように崩壊する日本社会にあって、地域社会をどのように再生するかにあります。政治の力に頼るべきなのか、それとも自助自立の思想によって立つのか。市民の生活感覚が問われ始めているのです。

地域の再生には、再度、社会に力を備える必要があると考えています。では、社会の力とは何か。それは終章でお話するとして、ここでは、近代化の時代からグローバル化の時代へと、時代が変化していることを再度確認します。近代化の時代とは、時間を中心に地域が成り立ち、家族が構成され、産業が育成され、そして人々の生活がゆたかになっていった時間軸の時代です。そしてグローバル化の時代とは、地域が過疎化し、家族が個人化し、産業が空洞化し、人々が少子高齢化に悩み精神的に貧困を感じる空間軸の時代をいいます。

ただ、近代化にもマイナスの面があり、グローバル化にもプラスの面があります。近代化の時代はまた苦労の時代でもあったのです。自動車は高級品で、テレビは白黒で、家電製品も今日ほどゆたかではありませんでした。他方、グローバル化にもプラスの面があります。とりわけ、インターネットで世界の動向が即座に把握できるし、海外旅行も身近なものとなりました。

しかしグローバル化の時代にあって、地域社会の崩壊には、いかんともしがたいものがあります。この章ではまず、「時間軸」と「空間軸」を中心に時代の変化とグローバル化の負の遺産についていて分析したことを確認しておいてください。

続いて第2章では、時代の担い手を中心に、近代化、国際化、グローバル化について、考えてみることにしましょう。

第2章

政治化する社会

1　近代化のなかの社会と個人

第2章のタイトルは、「政治化する社会」となっています。政治化する社会とは、社会がいよいよ政治に依存する状況を意味しています。その具体的な内容については、この章の最後でお話することにしましょう。

さて、第1章では、グローバル化を考えるために、近代化、国際化そしてグローバル化と順次に、それぞれの時代を分析してきました。そこでの基本的な分析の枠組みは、時間軸と空間軸でした。再度要約していえば、近代化は時間軸を中心に、そしてグローバル化は空間軸を中心に、世界が、社会が、そして個人が動いていることが理解できました。グローバル化の時代にあっては、時間を必要としないで、瞬時に物事が世界的移動を果たす時代だということも理解できました。

この本の目的は、グローバル化する時代にあって、社会、それも地域社会の崩壊が激しいのですが、にもかかわらず地域社会の再生を果たす必要性が高く、そのために地域を再生する「社会力」をどのように創造していけばよいのかという問題に焦点を当てることにあります。この社会力を創造する主体は、誰にあるのか、どこにあるのかを問いかけることで、問題はさらに具体化してきます。その意味で、この章では、どの組織が近代化、国際化そしてグローバル化の時代を担うのかについて、分析を加えたいと思います。

端的にいえば、第1章では、ものごとの移動の方向、時間を中心に移動するのか、あるいは空間を中心に移動するのかについて、お話をしました。今度は、近代化、国際化そしてグローバル化を押しすすめるアクター（組織）について、分析を加えます。

まず、近代化です。日本語では、近代社会と現代社会という二つの言葉があります。しかし、英語ではどちらもmodernで、本来、近代社会と現代社会を区分することは不可能なのかもしれません。ただ、世界史的にみて、近代社会といった場合、一八世紀以降、すなわち市民が政治の権限を握り、経済的には工業化をすすめる時代を指しています。

他方、現代社会とは、とりわけ二〇世紀以降、それも第二次世界大戦以降の社会を意味する場合が多いのです。

しかしこの本でいう近代化とは、近代社会を意味するのではなく、もう少し時代を特定した社会を意味しています。端的にいえば、それは一九六〇年代です。一九六〇年代は、世界的には「黄

を遂げるのです。日本においても「高度成長期」と呼ばれています。世界が、日本が急激な経済成長

金の六〇年代」とも呼ばれ、アメリカにおいては「偉大な社会計画」が実施され、イギリスでは「ゆりかごから墓場まで」というスローガンで知られている福祉社会の実現をめざして経済成長を遂げます。日本においても「高度成長期」と呼ばれています。世界が、日本が急激な経済成長を遂げるのです。現代社会のなかでも、一九六〇年代は特殊な一〇年を意味しています。

当時、飛行機の離陸になぞらえて、一九六〇年代の特徴を説明したものです。飛行機は離陸にむけてスピードを上げていきますが、いくらスピードを上げても、滑走路から車輪を離してはいません。しかし、ある一定のスピードに達すると飛行機は滑走路から車輪を離し、空中に飛び立つのです。経済成長もこの比ゆになぞらえ、高度成長にむけて経済が離陸したといわれた時代が一九六〇年代です。近代の、そして現代の生活が一変した時代です。具体的にいえば、日本では新幹線が完成し、東京オリンピックが開催されました。電化製品が、テレビが、そして自動車が街にあふれだしたのです。

では、この高度成長をリードした組織はいったい何だったのでしょうか。一定の結論からいえば、それは政府にほかなりません。政治指導による経済成長が実現したといっていいでしょう。政治指導、政府指導とは、他面、国家による経済成長戦略が実施されたといっても過言ではありません。正確にいえば、政治、政府、国家は同じものではありません。その違いに触れる余裕はありませんので、目下、政治、政府、国家は同じ意味だと理解しておいてください。では、政治がなぜ、どのようにして経済成長を実現したのでしょうか。その側面に焦点を絞って、分析のメ

スを入れてみることにしましょう。

経済学の古典と呼ばれる『諸国民の富』は、アダム・スミスによって一七七六年に書かれました。その中に、政府には果たすべき三つの義務があると書かれています。まず第一は、国防の義務です。多くの国々がゆたかになると、互いに相手の国を侵略して富をためようとします。その危険性を排除するために、国防が説かれています。あくまでも日本の自衛隊のような組織を想定しているので、他国を侵略したり、植民地を作ったりするための軍隊は想定されてはいません。

第二の義務は、司法費です。当時は、刑事事件でも民事事件でも、裁判費用は裁判を起こした人が負担することが通例でした。そのため、裁判費用のない人々は、裁判に訴えられない以上、法律があっても法律の恩恵を受けることができません。そのため、法律の庇護を市民みんなが享受できるように、そして裁判に訴えることで社会の安定が確保できるように、司法費、すなわち裁判費用を政府は負担すべきだと訴えたのです。というのも、経済が近代化するにしたがって、市民間の対立が激しく、訴訟問題が多発し始めたからです。

第三番目の義務は、公共事業です。公共事業とは、社会的に必要性が認められていながらも、個人の力では実現できない事業を意味します。具体的には、道路、橋梁、港湾などの運輸施設です。アダム・スミスの時代には鉄道も飛行機もありませんでしたが、今日では、道路、橋梁、港湾などに加えて、鉄道、飛行場なども加味されます。

わたしたちの身の回りを見渡しても、たしかに個人が建設した道路は皆無です。道路は通常、高速道路、国道、県道、市道などと「道」の前に政府や自治体の名前が付けられています。この名前によって、当該道路を管理する責任主体が明確にされています。

飛行場は、現在この狭い日本に約一〇〇近くあります。四七都道府県ですから、一都道府県になんと平均二つも飛行場があるのです。

道路、橋梁、港湾、鉄道、飛行場などの役割は、何でしょうか。端的にいえば、それは交通体系です。一般に交通体系は、その必要性が認められていながら、個人では建設しえないものです。たしかに、日本もゆたかになったため、政府ではなく企業が交通網、とりわけ鉄道網の建設をすすめる時代に入っています。たとえば、ＪＲ東海という企業がリニア新幹線建設を計画しています。

では、これらの交通体系がどうして社会的に必要なのでしょうか。それは、ヒトやモノの移動を促進するためです。ヒトやモノが移動すれば、それだけ商業圏が拡大します。たとえば、新幹線ができた結果、以前だと出かけなかった遠方へも気軽に足を運べるようになりました。さらに高速道路のおかげで、単にわたしたちが遠方に旅行するだけではなく、様々な地域の生産品を遠方まで短時間で届けることができます。さらに飛行機に至っては、この移動が国内にとどまらず、外国にまで広がったのです。

実は、アダム・スミスは商業圏、すなわち市場を拡大すれば、ヒト、モノの移動が高まり、それだけ国が、人々がゆたかになると考えたのです。その結果、政府は大きく経済に関与することになりました。現在の日本では、公共事業は諸悪の根源のようにみなされていますが、本当は国民の暮らしをよくするために必要とされた事業なのです。ただ、アダム・スミスの時代と現代と異なる点は、財政問題にあります。現在では赤字国債の発行は認められていますが、アダム・スミスの時代にあっては、財政の赤字は許されませんでした。財政は、常に収支帳尻があうことを義務づけられていました。

この公共事業の機能について、もう少し敷衍《ふえん》しておくことにしましょう。やや専門的になりますが、経済効果には、内部経済効果と外部経済効果の二つの効果があるといわれています。内部経済効果とは、企業内部で経済効果、すなわち生産性を上げることを意味します。それに対して、外部経済効果とは、企業以外の外部の条件が整備されることで、企業の生産性が高まることを意味します。

多くの企業は企業を発展させるにあたって、必然的に外部経済効果に依存しようとします。というのも、その方が企業にとっても費用負担が少なくてすみますし、さらに道路、港湾などの交通網の整備によって、企業は販売エリアを拡大することができるからです。端的にいえば、市場が拡大するからです。

しかし、経済発展に必要な打ち出の小槌のような働きをもたらす外部経済は、限界に来ているのです。具体的にいえば、現在では、赤字国債の発行は建設国債に限って許されています。その結果、累積赤字が膨らみ、二〇一〇年度の予算では、財政規模の五〇％以上を国債に依存する体質ができあがってしまったのです。その問題は後ほど触れるとして、一九六〇年代の近代化の時代は、赤字国債を発行して交通体系の建設にまい進したのです。その主役は政府でした。

では、地域は、家族はどのように変化したのでしょうか。詳しくは最後に触れるとして、ここでは簡単に、地域、家族の変化を述べておくことにします。まず地域ですが、近代化がすすむにつれて、都市化が起こり、若者が都市に集中するようになりました。その一方で、農村は過疎化を始めたのです。現在でも、農村の過疎化問題は日本社会の変化を考えるときのきわめて重要なテーマですが、過疎化はすでに一九六〇年代から始まっていました。

しかし、家族はまだ崩壊してはいませんでした。戦後生まれの、俗にいう団塊の世代が二〇代になり、日本の労働力の中枢を占めるようになったのです。この世代は、マイホーム建設に走りました。農村から都会に出て来た二〇代、三〇代がマイホームをもつことを夢みて仕事に励んだのです。テレビも家庭に普及しましたが、家族の人間愛を描いたホームドラマが人気を集めました。このマイホーム主義の経緯については、すでに前の章で詳しく触れていますので、ここでは省略しますが、ただ一点確認しておきたいのは、政府主導で近代化が果たされたということです。

2　国際化のなかの社会と個人

では、国際化の時代はどのような組織が世の中をリードし、社会はどのように変化したのかについて、分析を加えたいと思います。すでに述べたように、近代化の時代は一九六〇年代を指しましたが、国際化の時代は一九八〇年代を指します。とりわけ一九八五年は、日本における国際化元年といわれる年にあたります。

やや細部の説明になりますが、戦後の通貨は一ドル＝三六〇円と固定されていました。しかしアメリカの経済状態が悪化したため、一九七三年にアメリカは固定相場制をやめました。以来、アメリカのドルと日本の円の交換比率は、市場でのドルと円の売買に左右されるようになりました。これを変動相場制と呼びます。少しずつ円が高くなり、一ドル＝二四〇円前後で推移していましたが、一九八五年にアメリカは円高政策を打ち出しました。その結果、一年で一ドル＝二四〇円という交換レートが、なんと一ドル＝一二〇円に跳ね上がったのです。

簡単にいえば、ある製品を日本で作って、アメリカで一ドルで販売していたとした場合、以前では二四〇円の売り上げだったのが一二〇円の売り上げにしかならなくなったのです。日本の企業にとって、同じ製品を輸出しても、売り上げは以前の半分です。これでは企業は成り立っていきません。

一九八〇年代、日本の多くの企業は、生産コストを安くするために、安価な労働力を求めて一挙に海外展開をします。工場を海外に移転させるのです。わたしも以前調査したことがあるのですが、わたしの住んでいる福岡県でも、県内に本社をおく企業は、円高政策が実施された翌年の一九八六年から八七年にかけて、一挙に海外支店、海外工場を建設していきます。具体的にいいますと、福岡に本社をおく企業では、海外に支店、営業所を一九七一年から九三年の間に総計約一五〇開設していますが、なんと一九八六年と八七年の二年間に総計約七〇の海外支店、海外営業所を設けているのです。なんと、一九八六年、八七年の二年間で、一九七一年から九三年までの一二年間の半数をかぞえているのです。いかに海外展開が急激であったかが理解できます。

この場合、海外といっても、欧米ではなく、とりわけアジア、それも東南アジアでした。タイ、マレーシア、シンガポールといった国々です。他方、中国もまた、国際化に対応するために開放改革政策を実施します。経済を海外に開放して、中国への投資を呼び込もうとするのです。

しかし、日本国内では様々な弊害が発生しました。それは、産業空洞化という現象です。産業、それも製造業が一挙に日本を脱出するので、個別企業は海外展開してそれなりの利益を上げるのですが、日本にあった工場が海外に移転した結果、日本国内では産業が空洞化してくるのです。

そのなかで、日本の都市は二分化されます。近代化の時代、すなわち一九六〇年代であれば、社会の二分化は都市の過密化と農村の過疎化を意味しました。端的にいえば、重化学工業が産業の主流を占め、日本全国にコンビナートが建設され、四大工業地帯として、京浜、中部、阪神、北九州が活況を呈しました。しかし一九八〇年代は、重化学工業といった製造業ではなく、銀行、証券などの金融産業が活況を呈してきます。都市が、工業都市主流の時代から金融都市主流の時代へと変化していったのです。京浜、中部、阪神、北九州といった工場をたくさん抱えている都市は、工場の海外展開により空洞化を経験し始めます。それに対して、東京、札幌、仙台、広島、福岡といった、金融に可能性を秘めた都市が活況化を呈していくのです。

この過程で、日本は初めて都市の過疎化を経験し始めます。従来、都市といえば若者が集まり、企業が集まり、文化が栄える空間を意味していました。しかし、都市が過疎化し始めるのです。この都市の過疎化が、新たな社会現象として、日本社会の変容をもたらしますが、それは後で分析することにしましょう。

では、この国際化時代の主役は、どのような組織だったのでしょうか。近代化では国家、すなわち政治、政府が主役でした。それに対して国際化の時代は経済、すなわち企業が主役を占め始めます。そこで、政治と経済の働きの相違を簡単に整理しておくことにしましょう。

政治とは、一般に境界線を明確にし、その境界線で画定された領域に一定の権限を行使しようとする働きをもっています。たとえば領土紛争や国境紛争が発生するのも、この政治的な働きのためです。政治的な働きは、国境を明確にすることによって、その国境内部にいる人々に対しては一定の保護機能を果たそうとします。たとえば、教育の実施とか、警察機能による安全の確保といった機能です。それに対して、国境の外にいる人々に対しては排除の論理を働かせます。端的にいえば、政治は自国と他国の違いを明確にすることを、その基本的な働きとしています。というのも、人間は本来的に領土的動物であり、自分の領土を明確化し、それをキープしようとする性質を備えているからです。

他方、経済はこの政治の働きと真逆の働きをもっています。経済的な行為は、利益を上げることにあります。そのためには国境を越えて、他の国、あるいは他の国に住む人々をも通商行為の相手とみなします。自分が作った商品であれば、たとえ敵国であれ、あるいは敵国に住む人々であれ、敵味方に関係なく、商品を購買してくれる顧客とみなします。そのため、経済は常に国境を越えて、国際化しようとします。

ただ、経済が未熟で、他の国の経済との競争に勝利する可能性が低い場合、自国経済を政府に保護してもらうことを求めます。いわゆる保護貿易です。しかし、経済が一定の力をつけた後は、国境を越えて他の地域に市場を求め始めます。一八世紀においては、重商主義として、貿易自由の思想が開花しました。

近代化の時代、すなわち一九六〇年代は、経済は未熟であり、政治によって保護されリードされる時代でした。しかし国際化の時代、すなわち一九八〇年代は経済が政治を超え始めるのです。一般に国際化の時代はボーダーレスの時代とも呼ばれました。ボーダー、すなわち国境がなくなる時代に入ったのです。

このことからも明らかなように、国際化の時代はまさに経済によってリードされるのです。その意味で、時代をリードする組織は企業が中心でした。この時代にあっては、企業、とりわけ製造業は海外に工場を移転させます。

一九六〇年代の近代化の時代にあっても、生産と消費の分離が発生しています。それは、都市と農村の区分であり、過密と過疎の区分であり、生産の場における「モーレツ社員」と消費の場における「個人主義」の区分です。しかし一九八〇年代の区分は、生産の海外化と消費の国内化へと変化していったのです。

この過程で、地域は様々な変化、それも急激な変化を経験し始めます。過疎化そのものは、すでに一九六〇年代から経験していましたが、それは農村の過疎化でした、しかし一九八〇年代からは、農村だけではなく、都市の過疎化をも経験し始めるのです。都市の団地の高齢化、過疎化、さらにニュータウンの過疎化、高齢化が始まるのです。

日本経済そのものは、それなりに世界をリードしていきます。それは企業が海外競争力を高めた結果です。海外競争力を高めることはとてもすばらしいことですが、そこでは生産コストを下げるために、雇用のカット、都市の過疎化といった、負の遺産を経験することになります。

3　グローバル化のなかの社会と個人

グローバル化とは、国際化でみたように、ある地域、具体的にいえば、東南アジアとか、ヨーロッパとか、北米といった域内での経済交流が盛んになることを意味していました。しかしグローバル化は、この域内という発想を超えて、ヒト、モノ、カネそして情報が地球規模＝グローバル規模で移動する時代を意味しています。

グローバル時代の主役は誰でしょうか。一九〇〇年に経済学者のスーザン・ストレンジが『国家の退場』という本を著しています。経済がグローバル化するなかで、国境は消滅していきます。すでに述べたように、国家は国境を維持することにその基本的機能の多くをおいています。しかし国境を必要としない時代は、国家をも必要としなくなるのです。

しかしグローバル化の時代は、世界各国において財政赤字を経験する時代でもありました。国家は市場に依存し、民営化がさらにすすめられます。市場原理が勝利するのです。国家から市場へという流れはさらに加速していきます（図表Ⅳ参照）。

図表Ⅳ　国家、市場、そして地域

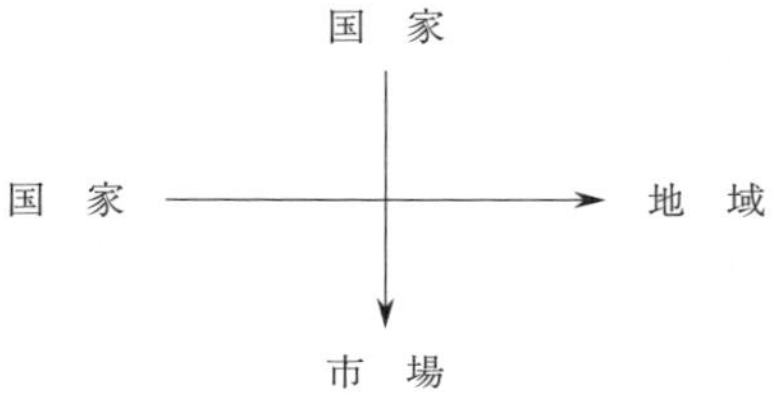

経済の流れ：国家から市場へ　主役は企業
政治の流れ：国家から地域へ　主役は地域

では、社会はどのように変化したのでしょうか。家族の崩壊、地域の崩壊はさらにすすみ、家族としての社会的機能、地域としての社会的機能をますます失っていきます。この機能の喪失は、人生の若年期と老年期の両端で起こってきます。若年期では、家庭における育児機能、保育機能、教育機能の崩壊です。老年期では介護機能の崩壊です。

家族の崩壊はそのまま家族がもっていた社会的機能が失われていくことを端的に意味しています。たとえば教育には、学校教育、家庭教育そして地域教育の三つの教育があるといわれています。この中で家庭教育が、家庭の崩壊で失われていくのです。地域は家庭という最小社会の単位の集合体ですから、家庭の崩壊はそのまま地域教育の崩壊につながります。地域教育とは、道路でいたずらをしている子どもたちに、あるいは社会的な非行に走ろうとしている子どもたちに、その現場の近くにいる大人が注意することを意味します。地域で、子どもたちを育てるという意味です。

介護においても、施設介護、家庭介護、地域介護の三つがあるといわれています。施設介護、俗にいう老健施設ですが、これは経費がかかりすぎます。しかし、核家族化している現状では、介護は地域でみなければなりません。介護の場合、この問題意識が先鋭的にすすんでいて、グループホームといったかたちで、高齢者をグループで介護するというシステムができつつあります。その意味で、介護はそれなりに社会力を回復しようとする兆しがみえるといえるかもしれません。

それはそれとして、問題は家族が崩壊し、地域が崩壊し、援助を必要とする人々が個人化している点にあります。この過程で、政府対個人という支援関係が必要とされ始めるのです。

不思議なもので、グローバル化の主役は企業であり、市場であり、これらの組織を支えるバックボーンはまさに競争原理だったのです。日本では、この競争原理によって日本経済を立て直そうとした時代があります。それはまぎれもなく小泉政権でした。しかし、小泉政権は競争原理を強調するあまり、結果として格差社会をもたらしました。派遣労働の過酷さ、フリーターの増加、あるいはホームレスの拡大などは、典型的な格差社会の現れです。

この過程で一番問題にしたいのは、政府が個人を直接支援する仕組みを必要とする時代に、わたしたちは住んでいるということです。矛盾しています。グローバル化の時代に、先に述べたようにスーザン・ストレンジは『国家の退場』を論じたのです。しかし国家が退場して、企業がグローバル的に活動すればするほど、格差社会が現実味を帯び、さらには退場した国家が落ちこぼれた人々の支援に回らなければならなくなっているのです。

今日的にいえば、セーフティーネットの整備です。このセーフティーネットの整備は典型的な政府の仕事です。その結果、グローバル化の症状として以下のものを挙げることができます。

① 市場原理で、国家は退場すべきだったにもかかわらず、格差社会を是正するためのセーフティーネットの整備に、再び国家の、政府の必要性が高まっています。

② 政府の支援のあり方は、政府が直接個人を支援するというダイレクトな支援形体になってきています。

その結果、個人⇕社会⇕政府という組織の流れが、中間の社会が崩壊したために、社会が欠落して、個人⇕政府という関係が支援の現状になってきています。子ども手当て、介護保険など、自治体も含めて政府の直接的な仕事となってきているのです。グローバル化の時代の主役は企業ですが、企業も終身雇用を保障し、家族手当を保障し、さらに社会保険を保障するだけの賃金体系を維持できなくなっています。その結果、企業はこれらの諸経費を必要とする労働者を解雇の対象とし、経費を必要としない派遣労働を基本的な雇用形態と位置づけるようになったのです。企業自身も、企業が保障した、賃金外サービスを意味するフリンジ・ベネフィットを提供できなくなったのです。その意味では、企業自身も社会性を失ったといえるでしょう。

その意味で、社会問題はいよいよ政府が解決する時代に入りました。そのことの表れが「政治化する社会」を意味しています。家庭や地域が構成する社会が解決すべき社会問題ではなく、政府が解決すべき社会問題となってきているのです。社会が政治に依存し、社会が政治化する時代に入っているといえます。

4　社会力の新しい創造

問題は、個人⇕政府といった直接的な支援体制で問題はないかという点にあります。端的にいえば、政府は現場を知りません。そして、政府は財政的な裏打ちをもった金銭支援だけしかみえないのです。

よくいわれていることですが、課題は現場が一番よく知っているものです。失われた社会を創造するには、政府に依存するのではなく、社会そのものの力を創造する、それも新しく創造する以外に方法はないのです。

わたしたちは様々な問題について人口をベースに考えてきました。トマス・マルサスの『人口論』ではありませんが、やはり人口が社会科学の基礎をなす数字であることは否定できません。マルサスは、経済学の役目は、人口に匹敵する食糧を供給し、人々が飢えない社会を創造することにあるといいました。供給するものは基本的には食糧ですが、ジョン・ケインズの時代に至っては、雇用もその中に入ります。発想の基本は、現在の人口に見合ったかたちでの生活必需品の供給をどのように実現するかにありました。そのために、政府が、地域が、そして社会が機能すべきだと考えたのです。

しかし時代は逆転していると、わたしは考えています。人々の必要性を充足するために組織が機能することが期待されたのは、二〇世紀末までだったと考えています。グローバル化の時代は、逆の発想をする必要があるのではないでしょうか。それは、社会が人を充足するのではなく、人が社会を充足させるという発想です。社会⇓人という流れではなく、人⇓社会という流れを創る発想です。

しかし、ここで大きな二つの問題が立ちはだかっています。第一は、人口減少問題です。人から社会を発想するとしても、日本全国で人口が減少しているのです。地域再生が叫ばれていますが、地域再生は極端にいえば、地域の人口増加政策に尽きるといっても過言ではありません。たとえば、地域Aが人口増加政策を考えたとしても、日本全国規模では人口が減少していますから、地域Bの住民を地域Aに移住させる計画しか浮かんできません。これでは人口の奪い合いで、その結果としてすべての地域が潤うはずはありません。

第二は、政府の力の問題です。社会が個人化した時点で、政治的な支援は政府⇕個人という直接的な関係が取りざたされます。子ども手当て、生活保護、ホームレス支援といった憲法二五条にある「健康にして文化的な生活をする保障」という精神を政府が実施するのは当然としても、残念ながら九〇〇兆円規模の財政赤字を抱えている今の政府では、それほど直接的支援は期待できません。

そこで、政府に頼らないで、人が社会を形成する方法を模索しなければなりません。この模索こそ、「社会力の新しい創造」にほかならないのです。新しい創造を実現するためには、発想の転換が必要です。その転換を、具体的にみていくことにしましょう。

①　足元にある（地域社会にある）リソース（資源）を探す

これが、第一の発想です。わたしたちは地域をみるとき、何もない、人口も減少している、高齢化している、過疎化しているというネガティブな発想から脱却できないでいます。しかし、足元にはリソースが満ちているのです。たとえば、失礼ですが退職後老人は暇をもてあましているといわれますが、逆にいえば時間というリソースに満ちあふれているのです。

やや不穏当な事例になりますが、ある地域で小学校の児童が通学時に、事件、事故に遭遇したとします。地域の高齢者の方々は、通学路に立って児童の通学の安全を確保するために、即座に立ち上がります。このように、高齢者の方々に何らかの社会的役割が与えられると、積極的に自由時間を活用する能力があるのです。

高齢者のまちは、老老介護が日常的となります。人間は生理的な年齢で区別されるのではなく、社会的な年齢によって活動の場が提供されるのです。社会の力は、自由に使用できる時間の総量の大きさに依存しているのです。

② 目的をもったネットワークを構築する

単純にいえば、社会の総ネットワーク量は人口規模に依存します。たとえば、ある地域に一〇〇〇の人々が住んでいたとします。それらの人々が何らかのかたちで一日三回交流したとします。そうすれば、その日のネットワーク（交流）総量は一〇〇〇人×三回＝三〇〇〇回となります。交流が六回になると、一〇〇〇人×六回＝六〇〇〇回となります。

たとえば、デイケアセンターを要介護老人だけが利用していたとします。そこでのコミュニケーションは施設利用者の数だけに限られます。しかし、デイケアセンターが単に介護だけではなく、施設利用者の作業空間も創造したとしましょう。高齢者の一番の楽しみは庭いじりです。そこで、簡単な園芸作業を取り入れて、園芸が好きな介護を必要としない人々の参加も可能にすると、要介護者間のコミュニケーションの拡大にとどまらず、施設を利用しない園芸好きな高齢者の参加も促進されるのです。園芸という目的が設定されたことで、デイケアセンターでのネットワークは一挙に広がります。デイケアセンターあるいは介護施設は介護とリハビリに特化したサービスしか提供しないので、人々のネットワークの広がりを作ることができません。だからこそ、趣味の空間を創造する必要があるのです。目的なくして、人々は集まることはありません。介護以外に、積極的な社会参加というネットワークの目的が必要なのです。

この事例からも理解できるように、社会の力は、ネットワークの規模の大きさに依存しています。それも単なる声かけ運動のような高齢者が受動的になるネットワークではなく、高齢者が能動的になれる目的を設定したネットワークが必要です。

③　人は情報の塊であることを知る

現代は情報化時代です。この情報化時代という呼び方もかなりの歴史があり、二〇世紀の末には、もう情報化時代という言葉は定着していたと思います。それはそれとして、現代が情報化時代だと呼ばれる理由に、インターネットの普及、さらには携帯電話や簡易情報端末の普及などが挙げられます。一九九五年に発生した阪神・淡路大震災のときの携帯電話の普及率は三〇％前後でした。不幸な事例ですが、被害状況を近隣の家族、あるいは遠方の知人に伝えるには、圧倒的に公衆電話が利用されたのです。

しかし、現在では携帯電話を一人が二台、三台と持ち、仕事用と個人用とに使い分ける時代に入っています。また、ブロードバンドの普及は目覚しく、各家庭でインターネット情報を収集できるようになっています。その結果、わたしたちは人からの情報よりもパソコン上のものを貴重だと思い始めています。しかし、これは大きな誤りです。それぞれの個人は人生という情報、仕事上での職人としての情報をもっているのです。ゆたかになった分、それだけ人々は仕事、遊びその他の情報を個人の経験のなかに蓄積しているのです。わたしは人こそ情報の塊（かたまり）だと信じています。ネットで情報を探すのではなく、それぞれの個人に習得され、人生という時間のなかで埋め込まれた情報を抽出することこそ、必要だと思っています。そんなことを考えてみると、隣人が情報の塊だということに気づくべきなのです。

このように足元の資源をネットワークし、それを個人の経験という情報の集積によって操作する技術こそ、社会力の新しい創造につながっていると考えています。ここに、個人と政府が直接的に支援し・支援される関係を求める現代において、政府を迂回した市民自身の手による社会の創造が可能だという希望が生まれてくるのです。政治化する社会は、本来の意味で否定されなければなりません。社会を政治化してはならないのです。社会の社会化こそ、自立した地域再生の処方箋だと思っています。

政治は、このような動きにどのように応答していけばよいのか、政治自身の変質が問われています。この政治自身の変質に気づかない日本の政治は、政権交代した後の政治の姿を描ききれていないのです。

政治に期待するのではなく、政治が期待させる社会力の新しい創造こそ、ゆかいで楽しい、そして現場に生きるわたしたちの創造あふれる知的な活動だと思います。

このような資源の活用は、時間を必要とするものではありません。あくまでも、すでに蓄積された資源を空間移動することで充足されるのです。実は社会力の新しい創造は、新しく時間をかけて資源を蓄積するのではなく、すでに充足している資源を空間移動させた、新しい空間的組合わせを基本とすべきなのです。そしてまた、この新しい空間的組合わせは市民の力によって十分可能なのです。

このように社会力の新しい創造は、時間軸ではなく空間軸を基本として、政府ではなく、市民によって実現することができるのです。ここに、すでにみたグローバル化の時代におけるキーワード、空間と市民が活躍する場が与えられます。「空間」と「市民」、これこそが社会力の新しい創造の基本的な資源なのです。

終章　知（キーワード）の再生

それでは、どのように知を飛翔させて「社会力の新しい創造」を図ることができるのでしょうか。わたしたちは第1章でグローバル化の時代を確認しました。そのなかでみえてきたことは、たしかにグローバル化は地域社会の過疎化を加速させています。しかし、近代化からグローバル化に至る流れのなかで、わたしたちの思考が時間軸から空間軸に移動していることも確認することができました。問題は、この空間軸の発想を積極的に利用して、地域社会の再生に役立てる方法を見つけ出すことにあるのではないでしょうか。

第2章では、近代化からグローバル化に至る過程で、それぞれの時代を担うアクター（主体）の相違について、分析を加えました。そこでの発見は、国家から市民へとアクターが変化していることでした。ただ、市民といっても、単なる数の上での住民数といった市民ではなく、ゆたかになった現代日本の環境をもとにして、すでにたくさんの情報を身につけた市民だということを忘れてはなりません。

このように、モノ、ヒト、カネ、そして情報が瞬時に世界を駆け巡る時代にあって、ゆたかな情報を備えた市民がこれらのグローバルに移動するモノや情報を駆使して、社会の力を新しく創造していくことが可能になると考えています。

通常、人口の減少は、地域社会のマイナス要因にみなされています。たしかに、人口が拡大した一九六〇年代には、それなりの活気がありました。俗にいう賑わいです。しかし、人口減少は不可避な現象です。人口が少なくなることを嘆く前に、足元のリソースを探すべきなのです。

通常、市民には四つの類型があるといわれています。それは、

① 消費者としての市民
② 常連としての市民
③ 顧客としての市民
④ 市民としての市民

の四類型です。①の消費者としての市民は、地域が提供するサービスだけを消費する住民のことを意味します。ゴミを出すだけで、住民によるまちの清掃事業に参加しない人々です。実は、多くの市民はこの「消費者としての市民」の位置を占めています。

②の「常連としての市民」は、地域社会が提供するサービスを単に消費するだけではなく、ある程度取捨選択して積極的に利用しようとする住民を指しています。たとえば、図書館を利用し

たり、公民館を利用したりする頻度の多い人々です。③の「顧客としての市民」は、審議会の委員になったり、自治会長を務めたり、民生委員という仕事を担ったりして、地域社会の運営に何らかの意味で積極的に参加しようとする人々を指しています。

一番重要なのが④の「市民としての市民」です。これは地域社会が抱える責任を分担して、自己もまた責任の一端を担おうとする人々のことです。わたしたちは「市民」という言葉を安易に使っていますが、その具体的な姿は千差万別です。当然、市民としては④の市民になることが期待されています。地域住民の数が減少しても、この市民的市民の数が増えれば問題はありません。これらの人々が空間移動する情報を駆使して、社会力を新しく創造することができるのです。

ただ一点、注意しておくべきことがあります。それは情報の移動は、必ずしも正の成果を生むとは限らないという点です。正の成果に比例して、負の成果もまた生み出す危険性があるのです。

具体的にみましょう。地域社会が問題になる場合、人と人の「ふれあい」が格段に減少したことが取り上げられます。端的にいえば、コミュニケーションの不足です。しかし現在は情報革命の時代とも呼ばれ、情報通信の発達には目を見張るものがあります。インターネット、携帯電話といった従来のコミュニケーションに加え、最近ではｉＰａｄが人気を集めています。テレビ、電話、パソコンといった情報がすべてデジタル化されれば、テレビ、電話、パソコンというアナログ的区分は必要ではなくなってくるのです。

１と０の組み合わせにされた情報を伝達し、受信すれば通信はそれだけで一〇〇％完成します。受信機をいちいちテレビ、ラジオ、電話、インターネットと区分しなくても、すべての情報媒体が1と0の二つの数字の組み合わせになってしまうのです。そうすれば、端末は1と0の組み合わせを翻訳するだけの機能箱であれば、十分なのです。

ｉＰａｄは、その意味で一種革命的なものです。これ一台で、小説も読めれば、会議の資料も画面で共有できます。通信の発達は、恐ろしいまでに人々のコミュニケーションを高めました。しかし、コミュニケーションの発達がそのまま、人々の幸せに結びつくかどうかは、かなり疑問です。

普通、わたしたちは、コミュニケーションが良くなればなるほど、人々は緊密になり、親しさは増すと考えがちです。しかし、面白いことをいったアメリカの社会学者がいます。今から半世紀も前のこと、一九六五年から一〇年間、ベトナム戦争が起こりました。その社会学者は、そのベトナム戦争に反対するために、コミュニケーションの本質を説いて、以下のように述べました。通常、コミュニケーションが増せば増すほど、人々は仲良くなると考えている。しかし、戦争時における弾丸は自分の意思を相手に伝える最大の手段だが、相互に打ち合われる弾丸の数、投下される爆弾の数は敵意のコミュニケーションの手段であって、それが数を増したからといって、敵対している関係が改善されることはない、と。要するに、皮肉を言っているのです。

まさにそのとおりなのです。わたしたちは、ともすればコミュニケーションはいいことを伝達する媒体だと思っています。しかし、コミュニケーションは、コミュニケーションによって交換される内容にまで考えを及ぼしません。コミュニケーションが発達したために、テロが拡大したことも事実です。

さて、そのことを念頭において、最後に社会力を新しく創造した事例をみることで、第Ⅰ部を終えることにしましょう。

【事例①】 大牟田市の場合　大牟田市は福岡県南部に位置する旧炭鉱地帯です。石炭産業の衰退とともに、街の衰退も始まっています。当然、大牟田市も例外ではなく、少子高齢化の荒波にもまれている街です。とりわけ高齢化は激しく、介護問題が市の最重要な課題となっています。

そこで画期的な取り組みが始まっています。認知症を患った高齢者の方々が街を徘徊する危険性はきわめて高く、大牟田市は市民全員で、認知症を患って徘徊する人々を援助するシステムをつくり始めています。徘徊老人が実際に徘徊していることを想定して、市民が老人を支援するシステムをつくる訓練をしているのです。

具体的には、ある一日を作業日として特定します。市民全員が街をウオッチして、徘徊老人の役割を担ったプレーヤーを見つけ、適切なアドバイスと帰宅支援を実施するシミュレーションをしています。

この取り組みはたしかに市役所という行政が関与しています。しかし、ここで大切なことは、企画立案をする力は市役所にはあっても、徘徊老人を支援する実際の力は市民にしか備わってはいないということです。役所は企画するだけで、実行部隊は市民なのです。

第二の点は、市民が集うといっても集うためのコンテンツが必要です。単に人が集まれば友好の輪ができるという考えは、間違っています。人が集まるということは、コンテンツを実施するためのツールに過ぎません。たとえば英会話にしても、英語が話せるためには、英語を使って相手に伝えたい内容が備わっていなければなりません。日本の英語教育が貧困なのは、自己表現する内容をもたない人々に英会話を学習させようとする姿勢があるからです。英語は単なるツールです。そのツールを使ってどのようなコンテンツを伝えるか、それが問われています。

老人憩いの家があっても、それはツールです。コンテンツなき街おこしこそ、貧困なアイデアです。コンテンツを見つけ出す。大牟田市の場合は、それが認知症の老人のサポートシステムだったのです。

一度このようなツールとコンテンツを総合化したシステムができあがると、他の分野にも応用しようとして、裾野が広がっていきます。ここでも、時間を十分に保持した人々が、人々を援助したいという心の財産をもった人々がすでに、リソースとして存在していることに気づくことがきわめて重要だと思います。

【事例②】北九州市の場合　かつての鉄鋼の街、北九州市もまた、少子高齢化に悩んでいます。そのなかで一番問題なのは、健康で独居している高齢者の方々への支援です。健康であるがために、介護保険などの適用がないため、行政は目を向けることがありません。

これは一種、矛盾です。元気で過ごしてきた独居高齢者は、社会の視野には入ってこないのです。やや差別的ないい方ですが、病気や介護の必要な高齢者は、十分ではなくても社会の視線はそれなりにあたっているのです。

この問題は高齢者福祉の谷間です。これではいけないと感じた北九州市の女性消防団が、健康高齢者へのケアに向けて立ち上がったのです。消防団は消防署とは異なり、火災防災に対する市民の自立組織の一種です。市からの財政的な援助があるとはいえ、それなりの知識の集積と経験をもった女性で組織されています。

この女性消防団が、防火目的で独居健康高齢者の家庭を訪問することにしたのです。ここでは、防災はツールです。独居健康高齢者の話し相手、相談相手になるというのが、実は女性消防団のコンテンツです。この谷間に視線をあてたのは慧眼《けいがん》です。行政は支援を必要とする独居高齢者だけに視線をあてます。逆に、努力して健康を自分で維持してきた独居高齢者は、行政から見放されるのです。これでは、健康を維持してきた高齢者が逆に支援をもらえないという差別に出会います。この福祉の谷間を埋めたのが、女性消防団の活動です。

【事例③】 ＣＤＩの場合　事例は単に日本国内の活動にとどまりません。国際協力の面に焦点を当てた事例が、このＣＤＩです。ＣＤＩとはCommunity Based Development Initiative の頭文字をとったものです。日本語では、地域主体型国際協力です。これは一種のNGOで、すでに活動を終えていますが、一九九〇年代から二〇〇〇年初頭にかけての約一〇年間、活動してきた組織です。国際協力のNGOですが、その基本的発想は地域主体型という点にあります。

CDIの活動内容は、あまり背伸びせずに、ここの地域にあるリソースを他の国々に提供するというものです。たとえば、自治体で古くなったバスを途上国に提供したり、あるいは自宅に余った書籍を外国に送ったりといったことです。

政府が関与する国際協力は、たいへん大がかりなものばかりです。予算がかかり、人手が必要であり、国際的な条約にも精通していなければなりません。そのような大がかりな援助ではなく、誰でもできる身近な援助を心がけてきました。そのため、援助物質には日常的なものが多く、衣類、書籍、学校用具といったものですが、自治体が協力してくれた場合には、古くなったバスの提供といったものもありました。

実は、政府が考える大がかりなものでもなく、また肩の張った援助でもなく、誰でも気軽にできる援助が基本です。援助される側ではなく、まさに援助する方に援助するための社会が組織され、それが地域と密着していったのです。

【事例④】QMACの活動　QMACとは九州大学地雷撤去グループのことです。これも二〇〇五年に活動を終えたのですが、大学独自の取り組みでした。大学は専門家の集まりですが、その専門家が他の部門の専門家と協力して地雷撤去というNGO活動ができないかと、二〇〇〇年に組織されたものです。メンバーは九州大学の教員四名と大学院生、学生でした。アイデアは、飛行船を飛ばし、埋蔵物探査センサーをその飛行船に乗せて、空中から地雷の埋蔵場所を探索するシステムです。わたしはこのグループの団長として活動しましたが、たとえば工学的機械を外国に搬出するのに、いかに面倒な法的措置が必要かを思い知らされました。

地雷は本質的に武器なので、いくら平和目的の撤去でも、それは戦争行為にあたると外務省から説明を受けたときは愕然としました。粘り強く交渉を続けた結果、武器輸出原則が緩和され、わたしたちの製作した飛行船地雷探査装置を海外に持ち出せるようになりました。

他方、大学院生、学生の協力を得て、地雷探査学習を実施し、地雷撤去セミナーを何度か開催しました。そのなかで、地雷の模型を地中に埋め、手動のセンサーでその地雷を探り当てる学習もしました。地雷撤去に失敗すると「バーン」と爆発音が鳴る装置を使って、実際の危機感を体験できるようにしました。

この事例は、やや特殊ですが、大学の教員がすでに身に付けた知識を総合化しようとしたものです。このように、自らの足元にリソースが潜んでいることを自覚させられる場面に多く出会うことができました。

これらの事例をもとに、地域の中に社会ができあがってきたのです。人が少なくなるなかで、人と人との交流を増やすことで、情報、モノ、ヒトが自由に空間移動することができ、その結果として、社会力の市民的創造が可能になってくると考えています。

とりたててむずかしいことではなく、日頃のわたしたちの生活から少しウイングを広げれば、過疎地域にあっても、広げられたウイングが触れ合うことがあるのです。さあ、みなさん、少しでいいですから、両手のウイングを広げてみましょう。きっと新しい世界が待っているに違いありません。

第Ⅱ部

社会力を創造する市民的環境

「鳥の目」目線と社会力

第Ⅱ部は、リソースとしての社会力を育てるためにページが割かれています。一般に偏食は身体に悪いといわれています。そのため、蛋白質を求めて魚や肉を食しますが、同時に緑黄色野菜を摂取する必要性も、つとに説かれています。栄養の取りすぎは肥満のもととなり、肥満はまた、万病のもとになるともいわれています。

しかし、これだけ身体の健康管理には注意を払う時代になっているにもかかわらず、心の健康に関してはそれほど注意が払われていません。このように書くと「心のケア」の必要性が説かれているではないかという批判も想像に難くありません。

しかしそれは、心の病で何らかのカウンセリングの必要が出てからの話です。それ以前に、心を強くする学習がどれだけ施されているのか、疑問です。心を強くするためには、好きな人、気心の知れた人とだけ会話を交わしていてはダメだと思います。すなわち、自分の好きな人だけに偏って交際していては、心は強くならないのです。好きな人だけに偏って付き合うことを、わたしは偏食に倣《なら》って「偏人」と呼んでいます。偏食を防がないといけないように、偏人も防がないといけないのです。

以前、こんな経験をしたことがあります。福岡市が主催する障害者支援のセミナーでの出来事です。パネラーは車椅子の方でしたので、みてすぐにサポートをしなければと思い、車椅子を押したのです。するとその方は、「車椅子に乗った人の個性を認めてください。わたしは自分で車椅子を押したいので、サポートをしてほしくないのです。健常者の方々は、身障者にサポートをという教育を受けていても、身障者にも個性があるという教育は受けてはいないのです」とおっしゃいました。

わたしはハッとしました。普段から車椅子の方々と接していなかったため、車椅子をみれば、サポートすることだけしか考えが浮かばなかったのです。まず「押しましょうか」という会話が必要なのです。

普段からいろいろな人と会話する習慣こそ、心を強くする方法だと思ったものです。なんだか教訓じみてしまいましたが、社会力を育てるにも、政治、経済、社会の分野を超えて常に社会の出来事と向き合っておく必要があります。そのために、第Ⅱ部では、社会と向き合うためのテーマを掲げています。新聞などに寄稿した文章ですが、それをもとに少し手直しをして、社会力を育てる必要性を理解するために、社会力を創造する「環境」について考えをまとめてみました。

ところで、この環境には二つの種類があります。それは「鳥の目環境」と「蟻の目環境」です。これらの目線は、バードビュー、アーントビューと呼ばれます。鳥のように空中から下界を見ると、全体がよく見渡せます。しかし蟻のように現場の、それも地を這うような目線ももたなければなりません。よくいわれることですが、ヒマラヤ登山をするときには、鳥の目線で描かれた等高線を基本にした地図が必要です。しかしそれだけでは、実際の岩場が滑りやすいのか、わかりません。そのために、地図を携えながら、現場をよく知っているシェルパを雇うのです。

第Ⅰ部は、社会力の全体的なお話をしました。これから、社会力を実際にみる探検に出かけましょう。そのために用意された第Ⅱ部は、鳥の目線の地図となっています。そして第Ⅲ部は、蟻の目線の地図となっています。そのことを念頭において、読みすすめてください。

政策と政局の狭間

二〇〇五年に圧倒的な勝利を果たした小泉政権以来、選挙はわたしたちのきわめて身近な話題から遠いところに行ってしまいました。かつて、ジャン・ジャック・ルソーは「選挙の日だけ、市民は主権者になることができる」と述べたことがあります。それ以外のときは、市民は政治の奴隷だというのです。

時間の流れは、わたしたちの記憶装置を破壊してしまうかのように、早いのです。もう一ヵ月前のことも記憶にない。考えてみれば、二〇〇六年九月に、小泉政権から安倍政権に移り、さらに二〇〇七年には、福田政権に移行しています。麻生政権は、二〇〇八年九月に誕生し、二〇〇九年八月に政権を失っているのです。

そんななか、わたしたちの記憶の中には、福田さんの顔を思い起こすことも、麻生さんの誤字発言を思い出すことも困難なほどに、時代は早く移りすすむのですが、いま少し、麻生政権の問題について、触れておきたいと思います。

麻生政権に、一つだけ疑問があります。麻生自民党総裁が決定したときの麻生さんの発言は、「選挙を経て、初めて麻生政権は天命をまっとうすることができる」というものでした。以後、未曾有の経済危機が発生して、麻生さんは、景気対策こそ政局よりも重要であり、一〇〇年に一度の経済対策を実施すると明言してはばかりませんでした。しかし、もし未曾有の経済危機が起こらなければ、麻生さんは何を目的に首相の座についたのか、麻生ビジョンがみえないのです。この点が、きわめて麻生政権の足元を弱くしたのです。

しかし、この疑問を超えて、さらに根本的な問題を意識しないわけにはいきません。それは、政策か政局かという選択の問題ではなく、自民党も、民主党も政局優先ではなく、政策重視だと訴えています。しかし、市民からみれば、もっとも必要なのは「政局」でもなく「政策」でもありません。それは、「政局」と「政策」の狭間にある「選挙」なのです。

政治家は選挙を恐れてはいけません。政治家ではありません。選挙の時期を明示することのできない政権は、常に短命でした。中曽根内閣の用意周到な同日選挙、小泉内閣の同じく用意周到な郵政選挙など、選挙時期を明示して選挙に臨み、大勝しているのです。

反面、任期満了で選挙に臨んだ三木内閣は、大敗を経験しています。このことを忘れてはならないのです。政局でもなく、政策でもない、選挙こそが政治家の最大の使命だと思うのは、わたし一人だけでしょうか。というのも、選挙こそ、政策も政局も、同時に飲み込んでしまう最大の政策であり、同時に最大の政局だからです。選挙は、政策と政局を超えるのです。

与党、野党を問わず、有利な条件で選挙を戦うという通俗的な発想を捨てて、政策の転換を図り、政局の打開を求める大義を掲げてこそ、選挙に命が吹き込まれます。郵政選挙は郵政民営化という大義がありました。大義なき選挙は大敗につながることを、すべての政治家は肝に銘じて欲しい。任期満了選挙は最大の愚策なのです。

自然には力があります

イギリス中部に、シェフィールドという都市があります。小説『嵐が丘』の舞台になった近隣の工業都市で、イギリス産業革命の発祥の地でもあります。鉄鋼生産で往時の世界をリードした街であり、米欧を見聞した岩倉使節団もシェフィールドを訪れています。現在の人口は約五五万人ですが、鉄鋼産業が衰退した今日においても、人口は減少してはいないのです。

その理由は、鉄鋼産業が盛んであった往時に、鉄を原材料とした生活関連産業がこの街の周囲に自然にできあがったことにあります。たとえば、鉄鋼生産がすたれても、韓国から安価な鉄鋼を輸入して、生活関連産業を持続させています。シェフィールド製のスプーンやナイフなどの食器は、現在でも世界的に有名で、街を潤しています。

他方、日本の近代化を担った官営八幡製鉄所（現・新日鉄）は一九六〇年代から衰退の一途をたどり、北九州市は人口減に苦しんでいます。それは、八幡の周辺に生活関連産業が存在しないからです。八幡で生産された鉄は、名古屋などに送られ、そこで生活関連産業が育ったからです。いいかえれば、自然に街の風景ができあがったのではなく、あくまでも国策として八幡ができあがったのです。そこには、社会をつくる自然の力が失われていることに気づかなければなりません。

日本の近代化は、中央集権的に行われました。集権が効果を発揮した時代にあっては、それもまた効率のよい街づくりでした。しかし国家が国策として形成した街には、シェフィールドのように、街を創造する自然の力が備わってはいないのです。

しかし日本でも、自然の力で介護を完成させた事例があります。福岡県大牟田市には、デイケアを目的とした「Fさん家」という施設がありました。この施設は、Fさんの旧家を改造して作ったもので、運営はＮＰＯが担っていました。ＮＰＯが運営しているので、煩雑な規則はなく、この施設はオープンスペースとして、様々な人々の集まりに利用されていました。主婦の井戸端会議や、元気な高齢者の方の庭いじりの場として、利用されたのです。

そこは自然に人が集まるだけで、とりたてて目立った介護があるわけではありません。無目的、多目的に集まった人々が、輪の中に要介護者を巻き込み、会話が自然にすすんでいくのです。わたしはそこに究極の介護をみたよう気がします。残念ながら、ＮＰＯの限界から、その施設も、二〇〇八年には医療法人に引き渡されてしまいました。しかし、この施設が残した教訓は、計り知れないほど大きいものだと思っています。

政治と行政は、目的を定め、規則を制定し、市民サービスを実施しようとします。しかし、それでは社会を創造する自然の力が入り込む余地はありません。医療法人や福祉法人が運営している介護施設で、自由に人が集い、井戸端会議を開くことなど、想定されてはいないのです。施設利用の目的や規則を定めれば定めるほど、市民がもっている自然の力を疎外してしまいます。無目的、多目的な空間を作り、その使用は市民の自由に任せるという「開かれた空間づくり」こそ、これからの街づくりの基本なのです。市民はすでに蓄積した様々な資源をもっています。その資源が自然に寄り集まる仕組みこそ、これからの地域社会を創造する原動力に違いありません。政治は、その点にいち早く気づくべきではないでしょうか。

政治の歯車を逆に回してはいけません

二〇〇九年、夏、いよいよ総選挙が近づいてきたときの感想です。二〇〇五年の衆院選で自民党が圧勝し、逆に二〇〇七年の参院選では民主党が第一党に躍り出ました。この間、衆議院と参議院で与野党間のねじれが生じ、多くの法案は衆議院で可決、参議院で否決、そして衆議院で再可決という繰り返しによって成立してきました。端的にいえば、数の論理が優先して法案が可決されてきたのです。

民主主義は多数決を原理にする以上、数の論理が優先するのも、一面では当然としなければなりません。この間、自民、民主の壁を超えて政界再編論議が後を絶ちませんでした。しかし政界再編はありうるのでしょうか。実は、政界再編論議をする人々は政治の歯車を逆に回しているように思えて、仕方がないのです。というのも一九九四年に合意をみた小選挙区比例代表制は、まぎれもなく、政界再編を封じ込め、二大政党制による政権交代のシステムを求めたものにほかならなかったからです。

たとえば二〇〇七年の参院選において、一〇数名の民主党議員が自民党に鞍替えすれば、自公連立政権は、参議院でも過半数を占めることができました。にもかかわらず、政党を移動した国会議員は皆無に近いのです。それは参院選であっても、小選挙区制に近く、ほとんどの県では一名の当選者しか輩出しないからです。

さらに政界再編を求めて渡辺喜美氏は自民党を離党して、「みんなの党」を設立しましたが、二〇〇九年当時には、後に続く人はほとんどいませんでした。この事例でも理解できるように、小選挙区制では自民党、民主党の二大政党の戦いにならざるをえないし、二大政党制による政権交代の図柄を描くために、小選挙区制が導入されたのです。

歴史の歯車は逆に回転することはありません。二大政党制を求めて小選挙区比例代表制を導入した以上、政界再編はありえませんし、さらにいえば、小選挙区が三〇〇ありますが、自民、民主の公認候補はたとえ落選しても、政党支部長としての党務に就くのです。自民党の政治家はかつて「さるは木から落ちてもさるだが、政治家は選挙に落ちるとただの人になる」と表現し、落選の恐ろしさを語ったものです。しかし自民、民主の候補者は、それぞれ三〇〇選挙区の支部長である以上、落選してもただの人ではなく、党務を担う政党支部長という重職に就くことができるのです。自民、民主の候補者がこの利益を手放して、政界再編のために離党することなどありえません。

必要なことは、第三極の政党を作ることではなく、自民、民主に洗練された政策能力を保持し、有権者の信頼を勝ち得る透明度の高い政党への脱皮を求めることにあると思います。

その間、公明党、共産党などは比例区で議席を獲得し、小選挙区という狭い利益ではなく比例という広い利益を代弁し、自民、民主に対してスパイスの効いた政策提言をする必要があります。と同時に、二大政党制＋比例政党という枠組みを定着させる必要があると思っています。

アメリカをみても、イギリスをみても、政界再編論議など起こってはいません。二〇〇九年の総選挙では、既存の政党がどれだけ洗練された国民目線の政党に脱皮できるかが問われました。すでに政党の枠組みはできあがっています。必要とされるのは、政党のカンバンではなく、政党の政策形成能力であることに、わたしたちは気づかなければなりません。

六法全書とマニフェスト

二〇〇九年八月、総選挙が告示されたときの感想です。二〇〇九年、熱い戦いが始まりました。

当時の選挙では、かつてないほどマニフェストが重視されました。そこで、六法全書と対比しながら、マニフェストについて、考えてみたいと思います。

六法全書についていえば、不思議でならない点が一つあります。それは、六法全書はいったい、誰に向かって書かれたのかという疑問です。やや学歴差別的になるのでお許しいただきたいのですが、たとえ大学院を卒業していても、法学部以外の大学院生は六法全書を読みこなすことは不可能だといえます。しかし、観念上では、日本国民は六法全書を周知していることを前提とされています。というのも、たとえば刑事事件を起こした場合、わたしたちの理解を超えた刑法によって裁かれます。これは被告、原告の間に恐ろしい知識の差があり、原告優位の情報のもとで刑事事件が進行することを意味しています。それが常識といえば常識ですが、当事者の理解できない法律によって裁かれるのは、今でも何とも不思議で仕方がありません。

同じことは、マニフェストにもいえます。マニフェスト型選挙が実施されたのは、二〇〇三年の総選挙以降だといわれています。政治学を専攻しているせいもあって、市民から「マニフェストはどこで手に入りますか」と問われることが多いのですが、かくいうわたしも、マニフェストは各党のホーム・ページから概要を入手しているに過ぎないのです。

先日、あるマスコミの記者さんから、「マニフェストについてインタビューしたい」という電話が入りました。お会いして、最初にお尋ねしたのが、「あなたは、すべての政党のマニフェストを読破されましたか」と尋ねると、「いや、お恥ずかしい話ですが…」と頭をかかれました。

実は、報道している当事者がすべての政党のマニフェストを読破してはいないのです。

マニフェストは、いったい、誰のために書かれたのでしょうか。すべてを読破した人はどれだけいるのでしょうか。それを思うと、マニフェストという言葉だけが一人歩きしているとしか思えません。大手メディアが各党比較を紙面に掲載してくれるので、それを頼りにする以外に各党の政策を知る方法はありません。これでは、メディア主導型選挙になってしまいます。

マニフェストをみることも大切です。そのことを当然として、各政党は市民が自由に入手でき、すべての人が理解できる、かつて流行した言葉でいえば、短小軽薄型のマニフェスト要約版こそ重要だといえるでしょう。

かつて宮沢首相の番記者だった人に、お話を伺ったことがあります。宮沢さんは背広の胸ポケットにいつも小型のポケット憲法を携帯し、ぼろぼろになるまで読んでおられたといいます。そして何かあれば、まずその憲法に目を通されたそうです。マニフェストも今回の選挙だけのものではないのです。解散がないとして、任期四年間、市民が常に携帯し、何かあるごとに参照するマニフェストであって欲しいと思っています。選挙が終わるとマニフェストを忘れるのではなく、当然、各論の内容の修正は認めるとして、マニフェストは向こう四年間の政党と市民の間の契約だということを、肝に銘じたいものです。

アメリカ外交の文化と背景

二〇〇九年九月の民主党政権の発足後、鳩山総理がアメリカを訪問しました。と同時に、岡田外相（当時）がクリントン国務長官と会談し、二〇一〇年一月に期限を迎えるインド洋上の給油問題について話し合いました。岡田外相は、「無前提の延長はない」と発言したのに対して、クリントン国務長官は「給油問題は、信頼に基づいた日米関係の一つにしか過ぎない」と応えて、とりあえずその場で、さらに延長要請を語ることはありませんでした。

この会談が報道されたとき、アメリカ外交の文化を思い起こしたものです。わたしも職業柄、アメリカ人、あるいはアメリカの大学と留学生の交流などで、交渉する機会を多くもっています。その度に思うのが、交渉文化とでも呼ぶべきものの日米の相違です。端的にいえば、交渉の方法が日本人とアメリカ人ではまったく正反対だということです。日本の大学は、まず最小限の要求を提示し、それが受け入れられれば、次の上のステップの交渉を始めようとする傾向があります。他方、アメリカの大学は、交渉するにあたって、まず最大要求を提示する習慣があります。

端的にいえば、日本は小出しに要求を釣り上げていく文化をもっているとすれば、アメリカは交渉で、いくらでも要求を下方修正する文化をもっているのです。この点が、きわめて面白い相違だと思います。だからアメリカの大学と交渉したときに、受け入れがたければ「ダメです」でいいのです。より的確には、「一〇〇％ダメです」と応えてもよいでしょう。その返答に彼らが怒ったという経験をしたことはありません。「なぜ一〇〇％ダメなのか」という返事が返ってくるからです。そのときに、逐一理由を正確に伝えれば、彼らはその後、修正案を出してくるのが通例です。しかし日本では、最初から「一〇〇％ダメです」という回答は、即座に争いの出発となってしまいます。小出し文化の日本からすれば、一〇〇％の諾否は禁物なのです。

以前、アメリカに留学していたとき、ある不満があったので大学当局に相談しようと思って、アメリカ人の学生にどのように不満を伝えればよいかを尋ねたことがあります。彼は、単純に「君の不満をストレートに伝えるといいよ」とアドバイスをくれました。しかし小出し文化が身についたわたしには、そんなことが許されるのかと疑心暗鬼でした。彼は続けてアドバイスをくれました。それは「何事も、口に出して伝えないと始まらないよ」というものでした。やや恐れながら、不満を伝えると、「あなたの不満を聞くことができて、とてもハッピーです」という回答が返ってきました。それから交渉が始まった経験があります。

毅然として諾否を伝えることが、アメリカ人あるいはアメリカと交渉する最善の方法だと思います。インド洋上の給油を拒否すれば、日米間にキレツが入るのではないかという恐れは無用なのです。小出し文化の日本が国際感覚を身につけるには、最大要求文化を身につける必要があると思います。

日本では、是々非々主義があたかも柔軟性であるかのように理解されています。しかし是々非々主義は、ある問題には一〇〇％反対し、他の問題には一〇〇％賛成し、そこから交渉を始める度量を指しています。それほどの心の強さを、これからの日本人は身につけたいものです。

郵政民営化の未来を描いて欲しいものです

二〇〇九年九月に政権が交代して、郵政民営化問題が再び論争の俎上にのぼりました。小泉政権の目玉政策として郵政民営化が実施されたのですが、専門家の間では、郵政民営化は政権の運命を懸け、選挙に訴えるほど優先順位の高い政策かどうか、疑問視されたものです。郵政よりも、年金、介護、過疎化など、他に優先順位の高い政策が存在したともいわれていますが、民営化をめぐる郵政選挙は、自民党にとって過ぎた議席を獲得した結果、禍根を残すこととなりました。

わたし自身、郵政の民営化には賛成の立場をとっています。一〇年ほど前に学生が調査したことがあります。小学校も郵便局も、〇・九キロ以内にあるという学生の報告を聞いて、それほど便利な位置にあるものかと感心したものです。さらに高齢者が郵便局とコンビニのどちらにより多く出かけるかという質問に、学生が調査したという限定はあるとしても、郵便局八割、コンビニ二割の回答でした。それほど、高齢者は郵便局を必要としていたのです。

しかし一〇年後で様相はまったく異なっていました。学生の調査では、郵便局とコンビニへ出かける割合が逆転したのです。多くの高齢者は、八割の頻度でコンビニに出かけています。

当然、食品を求める頻度も高くなりましたが、それに加えて、支払い、ATM、宅配の利用など、コンビニの方がきわめて便利なのです。わたしも同じ経験があります。かつて国際電話料金を振り込みにしていましたが、支払い期限を忘れてしまい、その旨を電話局に伝えたのです。対応に出た女性は、「支払い遅延の知らせをもらったので三日間、期限を猶予します。しかし支払いは、郵便局ではなくコンビニでお願いします。コンビニではバーコード支払いなので、即日入金となりますが、郵便局の振込みでは三日かかりますので、ご注意下さい」と応えてくれました。

郵便局の民営化、あるいはシステムの現代化が遅れて、すでに郵便、貯金（預金）業務はコンビニが断然優位に立っています。郵便局の民営化は、コンビニを超えないといけないというのが、わたしの持論です。田舎に出かけても、コンビニは必ずガソリンスタンドの隣にあります。給油とコンビニは、過疎地にあってさえ、二つで一対のものとなっているのです。

郵便、貯金、保険という郵政三事業を個々に独立した会社にし、地域の郵便局は三事業一体ではなく業務を選択できる、それが現在の民営化の方向です。しかし、郵便局で薬は販売できません。インスタントラーメンも販売できない。郵政三事業を分断するのではなく、三事業以外に四番目、五番目の業務、たとえば、健康維持のためのビタミン程度の薬品の販売、保存可能な食品の販売などを加えるべきではないでしょうか。

時はすでに遅いと思っています。過疎地にさえ、車が通ればコンビニは存在しています。郵政の見直しは、当然必要ですが、竹中案、亀井案では、すでに時代遅れだという考えを、わたしはもっています。竹中案は、郵便局の貯金問題に関心がありました。赤字の財投（財政投融資）に投入される貯金を市場化しないと、貯金の財投化は破綻することを問題にしたのです。亀井案は、地域の利便性の回復を求めています。しかし、自由化を促進した竹中案にも、地域拠点再生を目指す亀井案にも、時代に対応した郵政民営化の最適な政策を示しているとは思えません。郵便の未来は、政権が変わってもまだまだ不透明です。

国民目線の政治

今は亡き飯田経夫先生が、お会いする度に口にされた言葉があります。それは「藪野君、九州大学はマルクス経済学の牙城ではありませんか。労働者が失業でこれだけ困っているときにこそ、労働者を助けると主張したマルクス経済学が元気を取り戻して、社会貢献すべきではないですか」という内容でした。

飯田先生は名古屋大学で近代経済学を研究され、大平内閣では政策顧問のようなお立場にあった方です。またＰＨＰ新書の「ゆたかさ」三部作は、いまだに名著の誉れが高い本です。マルクス経済学に対する造詣も深く、バブルが崩壊した一九九〇年代には、「わたしは近経だが、マル経の九州大学こそ、頑張らねば」を口癖とされていました。そもそも、今の学生の皆さんに「マル経」や「近経」といっても、何を意味するのかわからないのではないかと危惧してしまいます。

不況が長引き、派遣労働者が雇用の場を失うにつれて、書店では小林多喜二の『蟹工船』がベストセラーになったのも、歴史の皮肉かもしれません。しかし時代は、もう一つの社会主義に向かっているのではないでしょうか。アメリカ政府がフォード救済に走り、日本が赤字国債を大量に発行して経済を下支えする時代は、形を変えた社会主義時代の到来だといっても、あながち的外れではないのです。見方を変えれば、社会主義がソ連で崩壊し、アメリカや日本で復活しているともいえるのです。その意味で、マルクス経済学は蘇生されなければならないかもしれません。それはそれとして理解可能ですが、実はもう一つの政治を図る物差しが必要とされていると思っています。

やや単純化して図式化するので、大方の批判を覚悟して言えば、資本を代弁したのが自民党だとするならば、労働を代弁するのが民主党だと言えなくもありません。しかし、はたして市民は、手垢にまみれた資本・対・労働という図式をもとに今の日本の政治を考えているのでしょうか。

日本航空の再建をみても、企業側の人々よりも退職年金者や組合の力の方が、強く働いています。前原国土交通相（当時）は「日航の年金が高いという国民批判を無視して、日航の再建に政府は力を貸すことができない」と発言しています。この過程では、強い組合、あるいは強い退職者団体は、労働側の組織であっても市民的批判を浴びていることを銘記する必要があるのではないでしょうか。

では、市民はどのような座標軸で政治を考えているのでしょう。左翼、右翼、保守、革新、大きな政府、小さな政府といった前世紀の物差しは、すでに時代遅れの物差しではないでしょうか。いま必要とされているのは、保守でも革新でも、あるいは資本でも労働でもなく、他の物差しだと思っています。そのことに、わたしたちは鋭く気づかなければなりません。

では、新しい物差しとは何でしょうか。それは、イデオロギー的な立場を明記するのではなく、政治に対して国民目線を提示しているか否かにあるといえるでしょう。どのようなイデオロギーや政策を説くにしても、「国民目線」を失い、「上から目線」に終始する限り、どのような政策も決して市民に受け入れられることはないのです。政権が交代した今日において、いかなる政党も国民目線を失った瞬間に、政権を失う時代に、わたしたちは住んでいることに気づかなければなりません。

国会議員とは何でしょうか

二〇一〇年のはじめに、小沢衆議院議員の秘書、元秘書ら三名が、同時に逮捕されました。容疑は政治資金規正法違反です。わたしが事態を重くみた理由は、逮捕された三名の中に、現職の議員がいるという点にあります。そこで、以下の二点を前提として、憲法の基本に戻って、いったい国会議員とは何なのかを考えてみたいと思います。

第一の前提は、わたしは憲法学者ではないという点です。そのため、あくまでも一市民として理解した憲法論議だということをご理解ください。第二の前提は、あくまでも政治家個人としての国会議員について考察したいのであって、政党を論じるのではないという点です。

さて、二つの前提をもとに、憲法に戻ってみましょう。今は亡き宮沢元首相は、いつも六法を胸ポケットに入れ、何事が発生してもまず憲法をみたといわれています。そして六法はボロボロだったということです。この情報は、首相の番記者をしていた友人から聞いた話で、真偽のほどは別として、ニュース・ソースは確かです。その友人の言葉をもとに、わたしもいつも憲法を携帯しています。現在の日本国憲法は、どこを読んでも政党政治を前提としてはいません。あくまでも、個人資格で国会議員になることを想定しているのです。会派は国会運営をスムーズにするために、法案提出権などを巡って、国会の運用規定の中にあるのであって、憲法には定めていません。憲法が想定している対立は、衆議院と参議院の対立であって、衆議院に与党性を、参議院に野党性をもたせています。そのため、衆議院と参議院が対立することを前提とした条文は、随所にみられるのです。にもかかわらず、衆議院の多数派党と参議院の多数派党が異なると、「ねじれ」という憲法を理解しない議論が横行するのは、メディアの力不足だと感じています。と同時に、野党性をもたせた参議院から与党性をもった閣僚を出さないというのも、憲法の精神だと思うのです。

それはさておき、まず国会議員はどのような状況であろうとも、逮捕すべきではないと考えています。憲法には反しますが、不逮捕権は会期中、会期外を問わず国会議員に付託されるべきだと考えます。検察には、令状を提示すれば、どのような場所にも立ち入り、どのような人物も起訴することができます。これだけの巨大な権限を保持している以上、国会議員は逮捕せず、在宅起訴で済ますのが、本来の検察の力量だと思います。では、なぜ逮捕（身柄の拘束）してはいけないのでしょうか。それは憲法の精神によります。政党を問わず、ある議員が逮捕され国会活動ができなくなることは、当該議員を選択した有権者の意思が国家に反映されないという憲法上の最大の問題が発生するからです。在宅起訴であれば、政治活動、国家活動をすることができます。巨大な検察の権限を思い起こすなら、国会活動をいかなる意味においても疎外しないという思想こそ、検察権力の美学であり、有権者への配慮だと思うのです。

しかしこの視点は、返す刀で議員にも、一定の要請を生み出します。それは、自らを選挙で選択してくれた有権者のことを思えば、証拠隠滅、逃亡などを図ることなく、同時にすすんで事情聴取に応じるという議員の清潔さも必要とされるという社会的、政治的要請です。国会議員は有権者の選択によって選ばれているという原点に戻ってこそ、国会議員は国会議員なのだと思います。

「競争の原理」から「共存の原理」へ

二〇一〇年、バンクーバー冬季オリンピックも閉幕しました。金メダルを獲得できなかっただけではなく、日本が獲得したメダルの数が、隣国の中国、韓国と比較してきわめて少ないことが、各誌紙面で取り上げられたものです。そういえば、民主党の「事業仕分け」でも、スポーツ関連予算が削られました。そのことともあいまって、スポーツ・ニッポンの再興を求める声もきわめて大きいのです。

しかし、近代オリンピックの父、クーベルタンはかつて、「オリンピックは勝利することではなく、参加することに意味がある」と述べたことがあります。スポーツの精神は、勝利を第一義的においているのではなく、参加することに意義をおいているのです。この精神は、はたしてどのように二一世紀のわたしたちに引き継がれているでしょうか。

ラグビーは試合終了を「ゲーム・セット」ではなく、「ノー・サイド」と呼ぶことはよく知られています。試合が終わって、勝ち負けがあるのではなく、勝者、敗者のサイドがなく、終了とともに友人になる精神を表して、「ノー・サイド（敵味方なし）」と呼ぶのです。

ひるがえって、政治の世界をみても、前原国土交通相（当時）は、就任以来の懸案であった、羽田空港と成田空港を「ウイン・ウイン」の関係にしたいと述べました。簡単にいえば、羽田、成田は「競争の関係」ではなく、「共存の関係」にもっていきたいという決意の表明が、「ウイン・ウイン」という言葉に集約されていたのです。

グローバル化の時代に入って、ともすれば社会は、企業は、自治体は「競争原理」を原則として動き始めています。入札という競争原理、価格競争という競争原理があたかも社会的善であるかのようにみなされ始めているのです。敗者は、敗者に責任があり、自助努力こそ賞賛されるという発想が蔓延し始めたのも、グローバル時代の到来からです。

しかし「ウイン・ウイン」の関係、平易にいえば「競争の関係」ではなく「共存の関係」を説いた思想は皆無なのでしょうか。いや、そうではありません。古くは、アダム・スミスは『諸国民の富』を著しています。これは、ある一つの国の国民だけが豊かになっても、貿易はうまくいかない。すべての国の国民が豊かになって、初めて売買という交易が盛んになると説いた古典です。アダム・スミスは自由競争という「競争の原理」を説いた思想家として理解されていますが、実は奥深い側面では「共存の原理」が説かれていることに思いを馳せなければなりません。

福沢諭吉は『瘦我慢の説』の冒頭に「立国は私（わたくし）なり、公（おおやけ）にあらざるなり」と書いています。なんと一八九一年のことです。立国、すなわち自分の国だけが豊かになるのは、「私益」だと説いているのです。立国ではなく、世界の地域に住む多様な人々の連携こそ、「公益」だと説いたのです。国家は「競争の原理」であっても、「共存の原理」ではありません。共存の原理は田舎であれ、都会であれ、そこに住む人々の心のつながりにあります。はたしてわたしたちは、新たな「共存の原理」を創造できるほどの知性と教養をもっているのでしょうか。オリンピックのメダル競争をみて、思想の貧困を感じているのは、わたしだけでしょうか。政権だけに執着する人々は公益ではなく、私益の奴隷だと自覚すべきだと思うのです。

もうひとつの戦争

やや私事になりますが、二〇〇九年九月に『失われた政治』（法律文化社）を出版しました。わたしは大学の教師なので、出版物はともすればアカデミックな内容となり、読者も大学関係者とそれなりに偏りがあります。しかし、拙著『失われた政治』を読んだので、講演会に来て欲しいという、産業界、労働界などからの依頼が届きました。回数はそれほど多くはないものの、大学関係者以外から、拙著を読んだのでその内容を講演して欲しいという依頼は、わたしにとってはやや衝撃的でもありました。本についている帯の宣伝句は、「利益の政治から負担の政治へ」というものでした。「負担の政治」に、市民も感心を示し始めたのでしょうか。

従来、政治は利益誘導であり、産業界、労働界などは利益配分に与るために、政治に関与してきたのです。様々な利益団体の代理人を、たとえば参議院選挙の比例区に擁立することは、その典型的な手法に当たります。

しかしこの過程では、利益配分だけを目的として選挙は戦われるものの、負担配分について、明確に語る候補者は出てくることはありません。かつて新党乱立時代に、たとえば「サラリーマン新党」や「スポーツ平和党」などが立ち上がったことがあります。少数利益の実現を求めた政策理念が、これらの政党のものだったのです。

しかし平成二二年度の予算は、税収を超える国債発行を必要とする規模となりました。この過程で、財政健全化党、あるいは増税党は出現しません。負担を強いて投票を依頼することは、政治の常道から逸脱しているからです。そこでは「利益の政治」は存在しても、「負担の政治」を語る場面に出会うことはないのです。

民主党は事業仕分けによって、ムダを省くといいます。しかし事業仕分けは、あくまで財政出動の刷新を求める各論的なものであって、財政の根幹を担う発想を展開する場ではありません。「負担の政治」を語る政党は出現しないものでしょうか。市民に講演を依頼されたとき、常に口にするのは「耳に痛いことを語る政治家こそ、信用してください」という、わたしの常套句です。増税しかない。それも消費税を含め、税制の抜本的な改革が必要だと思うのです。

たしかに重税感は否めません。所得税を払ったのちの真水の所得から商品を購入すると消費税がかかる。これは誤解を恐れずにいえば、一種の二重課税だと思います。税金を払った真水の所得を貯蓄したものを子どもたちに譲っても、贈与税はかかります。真水から、何度も税金が吸い上げられていく。この重税感は、いかんともしがたいものがあります。しかし、それによって社会的セーフティーネットが完備されるなら、よろこんで重税に耐えようと思います。

平成二二年度の財政規模に対して、仙石大臣は「税収を超える国債を発行したのは、戦時経済以来だ」と語りました。財政規律への危機感を募らせているのです。まさに戦時体制なのです。そういえば、一九六〇年代初頭、交通事故で死亡する人々の数が、戦争で亡くなる人々に匹敵する状況を模して、「交通戦争」と呼んだ時代がありました。今はまさに、財政的に戦争状態にあるという危機意識こそ、すべての政党の政策原点に据えなければならないと思うのです。

地域主権の課題

「地方分権」から「地域主権」へと、言葉は変化しつつあります。地方という言葉には、ともすればマイナスのイメージがつきまといますが、地方を地域と言い換えることで、このマイナスのイメージが払拭できます。さらに分権では、何か権限を分け与えられるという、またマイナスイメージが強いのですが、主権という言葉で、初めて主体性が明確に出せるのです。

しかし地域主権という言葉は先行こそすれ、その具体的内容については、少し、いやかなり不鮮明な部分が多いのです。しかし、地域主権を具体的に学習する機会に遭遇したのが、二〇一〇年の一月でした。

第一は、普天間問題です。九州七県を一つのまとまりのある州に統合しようという道州制検討委員会の顧問を一年間、務めたことがあります。その論議で一番貧困だった部分が、国と地方の機能分担の問題です。事務局案は、「国防は国に、生活は道州に」という機能分担論を常に繰り返しました。わたしはそのことをもって、一年で顧問を辞任しました。その理由は、防衛は国の専権事項ではないという点にあります。普天間問題は、防衛問題の典型です。だからといって、国の専権事項ではありません。沖縄県や沖縄の市町村の意思を無視して、政府が独断で決定できることではないという現実を、わたしたちはいま経験しているのです。

防衛は、単に軍事にとどまるだけではありません。宮崎県に端を発する口蹄疫問題は、農水省の専権事項ではなく、宮崎県の生活防衛問題なのです。国は宮崎県を指導するのではなく、宮崎県の自主的な決定を待つべきです。現場を知った宮崎県の意思が、尊重されなければなりません。わたしたちは今、生活防衛に関する主権問題を経験しています。

地域主権といった場合、その含意は、地域主権は国の主権を超えることができるという点にあるのではありません。そうではなくて、問題の当事者は自治体にあるという認識を、そして自治体の意思を尊重するという点にあります。

しかし地域主権もまた、諸刃の刃です。主権を主張して独自の政策提言ができる自治体がどれだけ存在するのか、心もとないものです。いまだに中央依存型の首長が多い現状にあって、地域主権といった場合、自治体＝地域がどれだけ責任を担うことができるのか、腰だめが必要だといえるでしょう。

地域主権論議で見落とされている点が、もう一つあります。それは、政党政治という仕組みです。現在の民主主義は政党政治を基本としています。地域主権を旗印にしても、それは知事をはじめとする首長の提案に過ぎない。政党政治の時代にあっては、地域政党を形成すべきだと主張したのは、大阪府橋下知事です。賛否はあれ、「維新の会」を立ち上げました。

地域主権を実のあるものにするためには、自治体の議会そのものが主権を発動できるほどの見識をもたなければなりません。首長ではない、議会の見識です。福岡県議会は保守系ではあるものの、全国都道府県議会で初の女性議長を二〇一〇年に選出しました。

それにつけても、地域主権実現のために現在一番必要とされているのは、情念だと思います。橋下知事の支持率が高いのも、府民の単に大阪を良くしたいという情念の一点につきます。今、政治に強い情念が欲しいものです。

劣化するマスメディア

マスメディアとは、商業ベースを基本として情報を発信している新聞、テレビなどの媒体を意味します。このマスコミのメディアの政治報道に対する劣化には、激しい憤りを感じてしまいます。

第一がマニフェストという言葉です。二〇一〇年の参議院選挙は、二〇〇三年の総選挙から数えて、六度目のマニフェスト選挙となりました。周知のように、マニフェストとは政権公約を意味し、政権の交代を前提とした選挙文書を意味します。イギリスで導入されたといわれるマニフェスト選挙ですが、イギリスでは下院選挙しかなく、選挙は常に政権交代を前提として実施されます。その意味で、マニフェスト＝政権公約は意味をもつのですが、参院選の結果、総理が交代した事例はあっても、それによって政権党が交代したことは一度もありません。いいかえれば、今回の参院選の結果で、菅内閣が総辞職することはあっても、民主党が政権離脱することなどありえないのです。それを政権公約と呼ぶのは、衆院選と参院選の相違を伝える力をもたなくなったメディアの力不足の結果に他なりません。各政党が参院選に向けてマニフェストを提出したからといって、メディアはそれをマニフェスト（政権公約）として取り扱うべきではないのです。

参院選は三年ごとに実施される、いわば定期試験にあたります。衆院選は、総理の解散権によって発動される場合が多く、その意味で実力試験にあたります。基礎学力をみる定期試験と、学力の伸びをみる実力試験は、その性質がまったく異なるのです。

第二に参院選の性格についての報道のあり方に問題があります。衆院選は比例区を別とすれば、三〇〇の小選挙区制で争われますが、参院選選挙区は各都道府県単位にあたり、いわば県民の代表を選ぶ選挙なのです。政党支持率ばかり報道するメディアは、都道府県の代表としての参院選の性格を伝えてはいないのです。

第三点は「ねじれ」の問題です。今回の参院選の結果、与党が過半数を獲れず、またぞろ「ねじれ国会」が再現されました。しかし、一九六〇年代以降、自民党が永久政権を担った時代にあって、衆参両院は自民党支配一色でした。そのとき、メディアは「参議院は衆議院のコピーでいいのか」と論陣を張ったものです。

人間とは勝手なもので、同一政党が衆参両院で多数を占めると、参院は衆院の「コピー」でいいのかと批判し、衆参両院が異なる政党が多数を占めると「ねじれ」でいいのかと叫びます。「コピー」がいいのか「ねじれ」がいいのかを議論せず、場当たり的なスキャンダルネタに終始するメディアには、やや辟易してしまうのです。

最後に政策論議です。新聞は消費税導入について、有権者にアンケートを実施していますが、「財政再建に向けて、どの政党の政策が一番信用できるか」という設問は、ほとんどありません。自民党永久支配時代の報道のあり方が、いまだに修正されずに残っている気がしてならないのです。メディア自体が政策論争の中身に入り込む実力をもってはいないように思えて仕方ありません。政策を批判するだけの時代は終わったことを、メディアは自覚すべきです。メディア内部でも政策論議を行い、それによってメディアの劣化を防いで欲しいと考えています。

第Ⅲ部

日常性のなかの市民と社会力

「蟻の目」目線と社会力

第Ⅲ部では、「鳥の目」目線に変えて、「蟻の目」目線に焦点を絞り、社会力を市民的に創造する方法を考えようと思います。「蟻の目」目線ですから、日常的に起こる些細な出来事の中に、社会力を創造するヒントがないか、探ってみたいと考えています。

第Ⅲ部のもととなった文章は、二〇〇九年四月から二〇一〇年三月まで、毎週、その週に起こったことに的を絞り、時事的なコメントとして書き上げたものです。二〇〇九年といえば、日本の政治のうえで画期的なことが起きた年でもあります。

それは、一九五五年以来続いてきた、といっても一九九三年当時の短い中断はありましたが、選挙によって自民党政治に代わり民主党が政権を奪取した年にあたります。しかし、政権奪取後の民主党の対応、とりわけ政治とカネの問題を巡って、市民の期待を裏切ってきました。その結果、第Ⅲ部のコラムでは取り上げることはできませんでしたが、二〇一〇年七月の参議院選挙では、民主党は大敗を喫しました。市民は、いよいよ政治に頼らず、自らの手で社会力を創造しなければならない時代に入りました。

このような時代背景を念頭において、以下の文章を読みすすんでください。

2009年4月

読書のジョギングを始めませんか

学生さんに、時々「勉強の仕方を教えてくださ い」と尋ねられます。そこで新学期も始まったことですので、少し勉強について、お話をすることにしましょう。

よく「学問に王道なし」と言われますが、王道はなくても「ハウツウ（方法）」はあると思っています。勉強の最大の問題は、勉強しても達成度が目にみえないので、焦ることにあります。でも、みえないものはみえるものと対照するといいでしょう。

たとえば、スポーツ選手の例をみましょう。スポーツは目にみえます。少し単純化すれば、スポーツの選手、たとえば、野球のイチロー選手や松井選手の場合、三つの運動をしていると思うのです。第一は、体力をつけるための毎日のジョギングです。第二に、素振りや守備の練習です。この二つを通して、最後に試合に臨んでいるのです。

勉強も、この三つの段階を踏む必要があると思います。第一に勉強の体力をつけるために毎日、読書のジョギングをすることです。第二にスポーツの練習に匹敵する勉強として、『○○入門』と書かれた入門書を読むことです。ただ、入門書は一冊で十分です。そして最後に、入門書の各章の終わりに列挙されている参考文献を読破することです。

ここで一番大切なのは、体力養成です。スポーツの場合、毎日ジョギングをしないと体力が落ちることは目にみえています。しかし勉強の場合、勉強の力が落ちたかわからないのです。その意味でも、毎日活字に親しみ、楽しい本を一時間読むことをすすめています。読書のジョギング、それが勉強の基礎体力となるのです。基礎体力なくして、それ以後の勉強は不可能だと思っています。ぜひ、新学期から読書のジョギングを始めてみてください。

（四月六日）

兵器、平和、そして心

先ごろ、北朝鮮がミサイルを発射しました。日本では、ミサイル発射にともなう飛来物が日本領土のどこかに落下する危険性があるのではないかという危機管理体制の下に、政府、自衛隊、ミサイル飛行下にあたる自治体などが、協力して緊急の事態に備えました。

北朝鮮は、これをミサイルと呼ばずに、人工衛星だと主張しました。素人のわたしたちにはわかりにくいのですが、ミサイルと人工衛星の間には、どんな相違があるのでしょうか。新聞その他の報道で理解した限りでは、ロケットの先端に核弾頭が装備されていれば、軍事的武器としてのミサイルにあたるのに対して、同じくロケットの先端に人工衛星が装備されていれば、宇宙空間利用としてのロケットになるそうです。

ですから、ロケットそのものに意味があるのではなく、ロケットの先端に装備される物体によって武器にもなれば、平和利用の道具にもなるのです。これはいったい何を意味しているのでしょうか。単純にいって、核ミサイルと人口衛星は、同一物の二側面だということに尽きると思います。

核爆発、あるいは核融合を制御しておこなえば原子力発電になりますが、制御しなければ核爆弾となります。わたしたちの一番身近な自動車にカーナビがついています。トマホークという誘導弾にも、カーナビと同じ誘導ナビが装備されています。その結果、命中率がきわめて高いのです。まさに軍事と平和は技術的にみて差異はありません。差異は、それを利用する人の心の中にあるのです。心こそ、兵器を超える力をもっています。平和は、武器ではなく、心によってこそ、創造することができるのです。

（四月一二日）

具体的に教えてください

ゴールデン・ウィークも間近。そこで今回は旅行の心得についてです。一〇年ほど前に、スペインに出かけました。その時のガイドさんは、ご主人がスペイン人の日本人の女性でした。「スペインではスリやひったくりが多いので、気をつけてください」とおっしゃったのです。でも、「気をつける」とは具体的にどのようにすればいいのかわかりませんでした。

海外出張は一五〇回を超えていると思いますが、ほとんど一人旅ですし、一人で気をつけています。事件や事故に遭わない鉄則は、何点かあります。たとえば、夜間外出しないこと、人通りの多い大通りを歩くこと、人に声をかけられても無視することなどです。海外で事件や事故に遭っている人の多くは、失礼ですが、多分、夜間に人通りの少ない所に出かけられたと思うのです。

しかし、スペインは緊張しました。仕事先がガイドさんを付けてくれたのですが、「気をつけて」と念には念を入れておっしゃるのです。これは、ただごとではないと思い、具体的にどのように気をつければよいのか、尋ねたのです。「具体的に教えてください…」。

応えは実に具体的でした。①手にバッグを持たないこと、②持ち物は首からかけて、身体の前に置くこと、③可能であれば、何も持たないこと、の三点でした。以来、コートをはおり、コートの下にポーチを隠しました。これで、両手は自由になりました。最後に、泥棒に遭っても、後を追いかけないこと。必ず複数の人間で犯行に及んでいるので、追いかけると、後ろから仲間に暴行されるとのことでした。具体的ですね。

スペインからの教訓ですが、以後、何事も具体的に伝えるように心がけています。（四月二〇日）

問題と付き合っていく社会

先日、母親の介護に疲れた元タレントの女性が、自殺しました。痛ましい事件です。こんな悲惨なニュースを耳にする度に、社会には二つの種類があると思うのです。一つは「問題解決型社会」で、もう一つは「問題付き合い型社会」です。

「問題解決型社会」とは、何事も問題は解決できるし、また解決しなければならないという発想が主流を占める社会です。たとえば、公共事業などは、問題解決型社会の典型的な事例の一つだと思います。橋の建設、新幹線の新設、あるいは空港の整備など、土木事業は何年に始めて、何年に完成するという結論を得ることで、事業を実施する期間を明示することができます。

しかし「問題付き合い型社会」では、そうはいきません。たとえば、環境保護として、ゴミの分別収集が求められます。しかし、ゴミの分別収集は、開始年度は明示することができても、終了する年度はありません。わたしたちが生涯、分別収集を実行していく以外に、方法はないのです。いいかえれば、環境保護という問題と終生付き合っていくことが求められているのです。このような社会を、「問題付き合い型社会」と名付けています。

環境問題、男女共同参画問題、介護問題など、どの問題もいつか必ず解決するというものではありません。このように、現代とは、終生これらの問題と付き合っていかなければならない時代なのです。

とりわけ介護問題は、終わりのみえない苦しみを与えてしまいます。それほどの体力と忍耐力を必要とする社会に、今わたしたちは住んでいます。だからこそ、「問題付き合い型社会」では、問題を抱えた人々への社会的支援がいっそう必要なのだと思っています。

（四月二七日）

2009年5月

失われた美学

団塊の世代は、よく「美学」について語ったものです。「美学」といっても、もちろん美術ではありません。最近では、「○○の品格」と題した「品格」本が流行していますが、「品格」ではなく、あくまでも「美学」です。「美学」は、わたしたちの生活で危機的な状況でみせる「心のあり方」です。一種の職業に対するプライドを示す行為、あるいは出処進退を明確にする態度が「美学」なのです。

最近、この「美学」に出会う機会がきわめて少なくなりました。麻生さんにも、「美学」を感じることはありません。それは、選挙を先延ばしにして、単に首相の座に居座りたいという願望しかみえないからです。出処進退を明確にするには、たとえ敗れることもいとわずに、大型補正予算が正当かどうか、国民に問うために選挙に打って出るという「決意」をみせなければなりません。麻生さんに、微塵も決意は感じられないのです。総理の「美学」があってもいいと思うのは、わたしだけでしょうか。

同じことは、小沢さんにもいえます。ロッキード事件で逮捕された田中角栄元首相は、小沢さんの師でもあった政治家ですが、逮捕されると即座に、離党届を出しました。事件は田中個人の問題であって、自民党とは無関係であるという「美学」を示したのです。

小沢さんは、西松問題に対しても、小沢個人としてこの問題に戦うのだという態度を示すべきだと思うのです。そしてかつて田中元首相がしたように、党、すなわち民主党に迷惑をかけることだけは避けたいといって、代表を辞任することが、まさに「美学」だと思います。政治家の「美学」は、もう望むべきものではないのでしょうか。

（五月四日）

検察は開かれていますか

いよいよ五月二一日から、裁判員制度が始まります。市民が判事さんと一緒に、判決を下すのです。裁判員制度に付される事件は、主に刑事事件で、殺人、強盗など反社会的犯罪です。このような事件で起訴される被告人に対して、有罪、無罪を決定するのです。

市民の間で、裁判員制度への関心は高いのですが、それとは裏腹に、裁判員制度で見落とされている点が気になります。それは、はたして検察は開かれているかという問題です。ご存じのように、刑事事件は、警察が捜査し、検察が起訴します。裁判に付す事件の捜査のあり方、あるいは起訴しなければならない事件かどうかの判断は、検察側＝国家側にあるのです。その意味で、開かれた検察こそ求められるべきだと思います。

平等とは何かといっても、なかなか難しいものです。しかし一番簡単な理解は、「法の下の平等」です。法はすべての人に平等に適用されるのが、「法の下の平等」です。ですから、検察は平等に事件を扱う義務があります。

裁判員制度にはなじまないものの、検察の平等性を疑わしくする事例が、二つあります。一つは千葉県知事選挙で、当選した森田健作氏が自民党の支部長をしていたのに、無党派を名乗って選挙を戦ったことです。経歴詐称にあたるのではと、市民は告発しています。

もう一つは、西松問題です。同じように西松と関係のあった二階経産大臣は、秘書も起訴されていないのです。市民もまた、告訴しました。

検察は、市民に平等に事件を取り扱っているという説明をして、開かれた検察をめざして欲しいものです。開かれた検察こそ、裁判員制度に命を吹き込むことができるのです。（五月一一日）

心のケアが必要です

成田空港で、新型インフルエンザに感染した疑いのある高校生が隔離されました。隔離することは、新型インフルエンザを蔓延させないためにも必要であることは、誰一人否定しないと思います。しかし、問題は隔離の方法です。

ホテルの一部屋に閉じ込められ、ホテルの一室で、外界との接触は禁止されています。しかし、外出もできずに一週間、二週間、滞在することは心理的に可能なのでしょうか。これでは、隔離のあり方をめぐって、感染した人の人権問題にまで発展してもおかしくないと思うのです。誰も好き好んで感染したわけではありません。

感染の拡大を防ぐことと同時に、感染者の心理的ケアを政府はどのように考えているのでしょうか。実は、日本がとても貧しい国だと思うのは、このような局面での政府の対応です。政府の敵は、新型インフルエンザのウイルスです。ウイルスが憎いあまり、それに感染している人まで憎いはずはありません。

お父さんがすぐそばまで来ても、面会はできないのです。その後、他の高校生は、ようやくガラス越しにお母さんと面会できました。それだけで、どれだけ高校生の心は慰められたかしれません。心が落ち着けば、病気も早く回復します。衣食住さえ提供すれば、それで人権は守られていると政府は考えているのでしょうか。

このような場面での心理のあり方について、政府は心理学者に意見を求めたのでしょうか。もしわたしが感染した当事者であったら、心のケアを叫びながら、この環境には耐えられません。心のケアへの配慮のなさに、まさに目にみえないケアへの配慮のなさに、日本の心の貧困を感じます。

（五月一八日）

小沢一郎という人

小沢一郎という政治家は、いったいどんな人だろうと思うことがあります。若くして自民党の幹事長になり、将来は自民党総裁を約束され、総理の席まで期待された人です。しかし自民党の中にあって、小沢さんは自民党と対抗する勢力がなければ、競争原理が働かないと思ったのでしょう。政権交代を夢みたのです。

そのような小沢さんの真骨頂はどこにあるのでしょう。以下は、わたしの小沢一郎分析です。麻生総理は、政局ではなく政策が重要だと発言します。また、小泉元総理は政策の人ではなく、政局の人だとも言われています。しかし、政局か政策か、議論が分かれるところです。しかし、政局を決めるのも、政策を決めるのも、実は選挙なのです。選挙が政局を決定し、政策を方向づけるのです。小沢さんは、この戦略を十分理解した稀有の政治家です。

小沢さんは、政局の人でも、政策の人でもありません。まさに選挙の人なのです。政権交代は、まぎれもなく選挙で勝利し、新しい与党を築き上げることにあります。その意味で、小沢さんは決して総理の座を求めたのではありません。総理になると、予算委員会で終日、国会の椅子に座っていなければなりません。それができない政治家で、逆に選挙区を回る方が性分に合っている人なのです。

小沢さんから選挙を除けば、ただの人です。しかし選挙には、莫大なお金がかかります。お金のかからない小選挙区制を導入し、政権交代を夢みた小沢さんが、政権交代前夜に、お金で民主党の代表を辞したのです。「選挙の小沢」が、「選挙のお金」で躓いたのです。皮肉な結末です。

（五月二五日）

2009年6月

あなたは「活動」をしていますか

世界的に有名な哲学者、ハンナ・アレントは『人間の条件』を著しています。幾度も読み直しましたが、閉塞感のただよう現代には、きわめて示唆に富んだ書物です。

彼女は、人間には三つの働きがあるといいます。それは「労働」、「仕事」そして「活動」です。この違いこそ、人間を人間として存在させる条件を形成しているのです。では「労働」とは何なのでしょうか。格差社会が常態化するなかで、『蟹工船』が売れています。これは、賃金を稼ぐために苦役に耐える姿を描いた小説です。このように「労働」とはもっぱら賃金を得るための苦役なのです。賃金は、まさに食べていく費用を意味しています。そして、どのような動物も「労働」をします。生きるために食物を得るという働きです。

他方、「仕事」は単に賃金だけではなく、自分の能力を発揮することを意味しています。俗にいう職人です。手に「職」をつけるといった場合、何らかの技能を修得することを意味します。そしてこれも、サルのような一部の動物も、この「職」を会得しています。

しかし、人間だけに与えられたものが「活動」なのです。日常的にみても、「クラブ活動」、「ボランティア活動」、「芸術活動」、「地域活動」など、無償で自由な精神の発露をも求める行為には、わたしたちは無意識のうちに「活動」という言葉を使っています。「活動」は、賃金や技能ではなく、人間本来の精神のあり方である「生きがい」を求める行為なのです。

人間精神そのものの発露を求めて、社会と人との関わりをもつのが「活動」です。これが人間であるための条件なのです。閉塞感の漂う今日、お金や出世と縁のない「活動」こそ、現代人の心を癒す働きをもっているのです。あなたは何か「活動」をしていますか。

（六月一日）

命の重さ

命には、重さがあるとよくいわれます。命の重さをお金で考えるのは、やや不謹慎ですが、しかしお金は命の重さを考える一つの指標であることもまた、事実です。

今から約半世紀前の一九六〇年代に、日本でも自動車が普及し始めました。三C時代とも呼ばれ、car（自動車）、color TV（カラーテレビ）、cooler（クーラー）の三つの頭文字の「C」が豊かさの象徴としてもてはやされたものです。自動車が大衆化した当時、自動車が死亡事故を起こしても、現在のような保険や訴訟などは皆無で、自動車事故での死亡は自然災害のように受け取られたものです。遺族は泣き寝入りで、その後、悲惨に暮れた家族も多かったのです。このように、人の命はきわめて軽いものでした。

しかし他方、殺人事件となると本当に珍しく、世間は驚いたものです。争いが暴力行為に発展しても、殺人まではいかなかったものです。それほど、殺人によって命が失われることはなかったのです。いいかえれば、命は重かったのです。

しかし二一世紀の現在、命は重くなったのでしょうか。たしかに自動車事故で死亡した場合、保険の額も多く、訴訟を起こした場合でも、要求されるお金は、多額に上ります。それほど人の命は、重くなったのです。

その反面、毎日のように、ごく普通の市民による殺人事件が報じられます。隣の住民が怒りのために、一家三名を殺害したといった事件は、日常茶飯事です。人の命をこれほど粗末にしてしまっています。命の「重さ」と「軽さ」は、まさに時代を映しています。はたして今日、命は重くなったのか軽くなったのか、複雑な気持ちに襲われています。

（六月八日）

政権党の姿勢が問われています

昨年末以来の世界同時不況がもたらした様々な問題があります。その一つは、言うまでもなく派遣切りです。派遣労働は、小泉政権時代に大幅に緩和された政策であるために、派遣切りを契機として、小泉批判が加速しています。

周知のように、小泉構造改革は様々な負担を国民に強いるものでした。たとえば、後期高齢者医療費問題、派遣切り、規制緩和による格差社会の拡大などです。不思議なもので、あれほど支持のあった小泉構造改革も、いざ改革の実施時期になると、種々の痛みが国民の間に拡大し、小泉批判が始まったのです。批判の最たるものの一つが、郵政民営化です。

民営化政策が実施され始めたのは、福田内閣時代に入ってからです。その意味で、小泉さんの総理引退後に、小泉批判が加速したのです。批判は当然、野党から起こってきます。

しかし野党からの批判に加え、もう一つの批判が顕在化し始めました。それは、自民党内部からの批判です。今回、鳩山総務大臣が辞任したのも、日本郵政社長の西川人事を発端としています。鳩山前総務大臣は、郵政民営化過程での問題点を、西川人事を契機として浮き彫りにしようとしたのです。しかし、報道によれば、西川社長交代劇を封じたのは、小泉元首相の財界への根回しの結果でした。西川さん以外に、社長を引き受ける人がいない状況を、小泉さんは財界との根回しで画策したのです。この時点で、西川さんの辞任を画策した鳩山前総務大臣の戦略は、頓挫したのです。内部の抵抗に負けたのです。

小泉改革をすすめるのも、抵抗するのも、自民党なのです。自民党は、小泉改革をどのように継承し、修正していくのか、政権党としての姿勢が問われています。

（六月一五日）

政策と候補者

いよいよ解散総選挙が近づきました。麻生総理は「わたしが解散の時期を決めます」と断言しながらも、今日に及んでしまいました。俗にいう「追い込まれ解散」に近い状態です。麻生政権誕生から一〇ヵ月、目につく失政は、なんといっても漢字の読み違え問題ですが、それに引けをとらない失政は指導力不足です。

来るべき総選挙に向けて、古賀選挙対策委員長は、総理の指導力不足を補う観点から、選挙に向けて動き出しました。その発端が、宮崎県知事である東国原氏、ならびに大阪府知事である橋下氏の二人の著名な知事の自民党からの出馬要請です。さらに当選の暁には、総務大臣などの重要ポストを用意するというのです。この話は、小泉政権のときにも耳にしました。その一人が猪口邦子氏の出馬です。猪口氏は往時の小泉総理から大臣の椅子を約束されて、比例区に出馬して当選し、さらに大臣の椅子も約束通り手にしました。しかし、要の小泉総理が引退したあとは、猪口氏を支援する自民党員はほとんど皆無になりました。東国原知事も、橋下知事もこの体験を十分記憶にとどめておかれるといいと思います。

しかし、古賀選挙対策委員長は、選挙に勝利してどのような政策を実施するのでしょうか。それとも、選挙対策委員長は、選挙の勝利だけを目的とすればいいのでしょうか。政策ありきではなく、まず候補者ありきなのです。

興味あることに、アメリカの政治学者リンドブロムは名著『政策形成の過程』（東京大学出版会、一九九四年）の中で、「選挙において、有権者は政策ではなく候補者に関心を持って投票する」と明記しています。いつの時代も、政策など無関係に勝利のために著名人を連れてくるという方式は、生き続けているのですね。政策欠如の選挙は、少しがっかりですね。

（六月二九日）

2009年7月

麻生さんの心意気

昨年九月、解散総選挙を目的として成立した麻生内閣も、解散を先延ばしにしてきましたが、とうとう任期満了が近づきました。しかし解散の日程をめぐって、与党内の動きはきわめて「こっけい」です。八月二日にするのか、九日にするのか、さらに九日は長崎の原爆記念日なので、八日の土曜日にするか、ミクロの世界の話で右往左往しています。

その間、麻生首相は支持率を浮上させるために、内閣改造、党役員人事を模索しましたが、森元首相の助言で、プチ改造を済ませることで、一件落着となったのです。ここにきて、支持率浮上とは、麻生首相は有権者をどのように理解しているのでしょうか。

麻生首相には、それほど決断力がないとしか思えません。キップのいい演説のわりには、決断力がないのでしょうか。政治学の本に面白い記述がありますす。政治家の最大の目的は再選されることだというのです。まさに、再選されること、もっと端的にいえば、政権を維持することだけが、目的化してしまっています。政策など蚊帳の外です。

政権を失うことが、それほど恐怖なのでしょうか。失敗は成功のもととともいわれますが、実は一九九三年に自民党、宮沢内閣は選挙に敗北し、細川内閣にとって代わられました。野党経験のない自民党員だけでは、国政にどのように対処していいのか、わからなかったといわれています。しかし野党になった自民党は、再度浮上してたくましくなりました。

囲碁でも「岡目八目」といわれて、当事者ではなくそばから囲碁をみていると八目先が読めるといいます。成長するためにも、早く選挙を実施し、野党になればなったで、新しい経験ができるというほどの、心意気を麻生さんから感じたいものです。

（七月六日）

鉄筋と世代の継承

かれこれ七、八年前になるでしょうか、調査でエジプトのカイロ大学に出かけました。立派な門構えと大きなキャンパスに清潔な構内を散策しながら、一度ここで勉強してみたいものだと思ったものです。半日の調査を終えて、街に出ました。

案内してくれたカイロ大学の学生さんが、「カイロには信号の色が四つあるんですよ」と言うので、驚きました。

彼の説明では、「カイロは電力不足で、よく停電になるんです。ですから、信号の色は赤、青、黄色に加え、三つとも全部消えている黒があるんですよ」と言ってくれました。

でも、そのとおり信号が点滅していない交差点が、それが当たり前のように見当たりました。しかし、たいしたもので、信号がなくても、そこは阿吽（あうん）の呼吸で、見事に自動車は接触しないで、交差点を渡っていきます。

一方、郊外に出るとたくさんの戸建の家がみえます。家といっても日本とは異なって、ブロックでできた家です。ブロックを積み上げるのですから、当然、四角い家です。しかし不思議なことに、平屋の家には屋根を越えて鉄筋がもう一階上に伸びているのです。ブロックを通した鉄筋が、上に伸びていると想像してください。二階建ての家にも、三階建ての家にも、もう一階鉄筋が上に伸びているのです。どうみても、すべての建物が建設途中です。

カイロ大学の学生さんは、「あの鉄筋は増築のためなのですよ。自分たちは一階建てでも、子どもたちがその後を継いで、階層を重ねていくので、三階建てでも鉄筋は上に伸びているのですよ」と説明してくれました。鉄筋は世代の継承のシンボルだったのですね。増築が世代の継承となっているエジプトに、とても興味のある世代間の協力をみたものです。

（七月一二日）

麻生総理、総理の責務とは何ですか

一種アイロニカルに言えば、ここで麻生総理を取り上げるのも、これが最後になるかもしれません。当然、今回の総選挙で、自民党の下野が予想されるからです。そこで最後に麻生総理の「総理としての責務」について触れたいのです。それは、自民党の総裁としての責務ではありません。日本国民全体の代表者として総理の責務です。

ご存じのように、沖縄が日本に返還されるとき、往時の佐藤総理は非核三原則は守られると国民に約束していました。非核三原則とは、核兵器を「作らず、持たず、持ち込ませず」というものです。しかし、日本とアメリカの間に密約があって、核兵器を搭載した船舶が沖縄に寄港することを認めていたのです。

アメリカでは外交文書を一定期間が過ぎれば公開するという原則があり、その文書の中に密約も入っていたのです。しかし密約を記した文書を保管していた外務省は、歴代外相には手渡していたのですが、田中真紀子氏が小泉内閣で外務大臣になったとき、彼女が機密文書を暴露するのではないかと恐れ、破棄したというのです。

これだけの事実が、わたしのような一国民にも知りうるところとなっています。にもかかわらず、麻生総理は記者会見で、機密文書がすでに存在しない以上、取り上げて調べるつもりはないと、応えています。話は逆です。機密文書が存在し、密約があったことを知れば、徹底的にその過去を調査し、国民の利益にかなう情報公開をするのが、総理の責務です。多くの政治家は、臭いものにはふたをします。麻生総理も例外ではないのです。麻生さんにとって、総理の責務とは何なのでしょう。麻生さんに、最後に尋ねたい質問です。

（七月二〇日）

一票の重み

八月三〇日が、総選挙の日として設定されました。投票所は、小学校の体育館に設置されます。なぜ小学校なのでしょうか。そこには少し意味があるようです。

実は、住民に対する行政サービスの基本は、小学校単位に設置されているそうです。保健所や公民館などがそれにあたります。かつてわたしの学生が、民営化以前の郵便局を調査したことがあります。学生の報告によると、小学校と郵便局は等距離にあり、住民が約〇・九キロ歩けば、小学校と郵便局にたどり着けると報告していました。そんなわけで、単なるわたしの個人的な推測ですが、住民に一番近くて投票可能なスペースをもっている場所として、小学校の体育館が選ばれたようです。どなたかに確認を取ろうと思うのですが、まだ推測の域を出ていません。

先日テレビのモーニングショーをみていると、一票の重さについて、とても興味のある話題が取り上げられていました。慶応大学の曽根泰教先生が、一票の重みを計算されたのです。一年間の予算規模は一般会計で約八〇兆円です。もし、衆議院の任期が四年続いたとすれば、その四年間に使われる一般財源は八〇兆×四＝三二〇兆円となります。

曽根先生はそれを有権者の数で割ったのです。有権者は一億人弱ですが、一億と想定すると、三二〇兆円÷一億で、三二〇万円になります。実は一票は三二〇万円の税金の使い道を決定する重みをもっているのです。とても興味のあるお話でした。棄権すれば、それは三二〇万円の使い道に対する自分の意思を放棄することになるのですね。あなたは、三二〇万円を放棄しますか。一票の重みがずっしりと心に響きました。（七月二七日）

2009年8月

自民党のマニフェスト

各党のマニフェストが出揃いました。新聞各紙は、自民、民主などのマニフェストを比較し、採点を始めています。しかし、自民党のマニフェストは、他の政党のマニフェストと、以下の二点で根本的に異なっていなければならないのです。第一は、一九五五年以来、細川、羽田内閣の一〇ヵ月を除いて、自民党は半世紀以上、政権の座にあったという点です。いいかえれば、現在の日本を、いい意味でも悪い意味でも築き上げたのは、自民党なのです。その限りにおいて、自民党は横綱相撲をしなければなりません。

二点目は、現在問題になっている後期高齢者医療問題、派遣切りの問題、格差社会の問題など、目の前の課題は、二〇〇五年以来、新たに発生した問題です。当然、政権党である自民党が、これらの問題を引き起こしたのです。その意味で、未来を語る前に、自民党のマニフェストは過去の反省に大きく割かれなければなりません。

この二点を思い起こす限り、自民党のマニフェストは、民主党のマニフェストと質的にも量的にも異なった内容にならなければなりません。にもかかわらず、幼児教育の無料化だとか、雇用創出だとか、民主党を意識した政策ばかりを列挙しています。

ここにきて、初めて自民党の体質が理解できたように思います。自民党は、各種政策を官僚に任せ、自分たちの手で作ってきた経験がないのでしょう。官僚の力を借りずに自民党の力だけで作成したマニフェストは、政権党としての威厳と輝きがありません。自民党のマニフェストをみて、官僚任せの自民党の過去と体質が透けてみえたような気がしてなりません。はたして、自民党はそれほどまでに、力のない政党だったのでしょうか。

（八月三日）

クリントン元大統領の訪朝

先週、クリントン元大統領が北朝鮮を訪問しました。そして、北朝鮮に拘束されていた二人の女性記者の解放に成功し、彼女らとともに、アメリカに帰国したのです。あくまでも個人的な訪朝であるとして、航空機も特別のものではなかったそうです。

実に鮮やかなアメリカ外交です。たしかにアメリカは、朝鮮戦争、ベトナム戦争、イラク戦争など、戦後世界においても、帝国主義を誇示するための戦争を繰り返しています。その限りにおいて、アメリカを決して好きになることはできないのです。しかし、その外交手腕には、目を見張るものがあります。

今回はクリントン元大統領が活躍しました。しかし、アメリカでは元大統領が大統領という職務を離れた後も、世界的な人脈を通じて、個人的に外交を重ねる事例があります。その典型の一人が、カーター元大統領です。カーター元大統領は、世界平和を築くために、国家の後ろ盾を払拭して個人として、世界のネットワークづくりに余生をささげた人です。クリントン元大統領もまた、その道をたどっているのでしょう。ドイツでも、シュミット元首相の活躍は有名です。

しかし日本では、元総理がこのような活躍を果たしたという事例を耳にしたことはありません。森元総理も党内のボスとして暗躍していますが、国際的な使命を果たしてはいません。さらに、小泉元総理も政界を引退します。しかし、引退した後に、かつての人脈で、政府とは異なる外交を展開するという発言を耳にしません。引退後の総理の姿は、日本では党内政治に明け暮れ、世界に羽ばたくことはないのです。悲しい限りです。

（八月一〇日）

忘れられた争点

いよいよ総選挙が始まります。二〇〇七年九月に、安倍総理が辞任をして以来、政局はきわめて不安定で、いつ選挙があるかわからない状況が続きました。与党も心は落ち着かなかったでしょうし、野党も同様に落ち着かなかったと思います。

浮足立ったのは、代議士や候補者だけではありません。選挙の分析を仕事とするわたしも浮足立っていました。総選挙はいつか、政権交代は起きるのか、状況はひっ迫しました。

その間、自民党に向けては、国民の審判を経ずして三名も総理が交代していいのかという国会運営に対する有権者の不満が限りなく高まりました。民主党にも、不満、不信が有権者から投げかけられました。それは、小沢一郎氏の政治献金問題です。このように政治への不信、不満がたまりたまった時期を過ごしてきたのです。マスコミもまた、この点を追求してきました。しかし国会が七月二一日に解散し、八月一八日告示、三〇日投票という選挙日程が決定し、各党が選挙公約、いわゆるマニフェストを提示したとたん、各党のマニフェスト比較が、有権者の関心となり、マスコミの論点となったのです。

急激に風向きは変わり、自民党では不満が残るが、民主党では不安が残るという類の言説が飛び交い始めたのです。結果、自民党に対しては総理を三人も変えた責任、民主党に対しては政治資金問題に対する責任を問わなくなってしまいました。

マニフェストは争点の一つです。しかし二〇〇五年以後の政治運営に対する与野党が作り出した政治不信の増大に対する責任は問わなくていいのでしょうか。マニフェストだけではなく、過去四年の政治不信に対する責任を争点にすることも忘れてはならないのです。

（八月一七日）

サンフランシスコ

アメリカ東海岸バージニア州に、ノーフォーク市があります。ここにアメリカ海軍の大西洋方面基地があります。アジアに向かう太平洋側の西の基地は、カリフォルニア州サンディエゴ市にあります。アメリカは大陸国家ですが、実際は海洋国家なのです。

幕末日本を震撼させたペリー艦隊は、東海岸ノーフォークから大西洋、インド洋を渡って、日本にたどり着いています。以前、ノーフォーク市の図書館でペリーの記録を調べたことがありますが、ペリーが船出するその日の新聞に、ほんの少しペリー出港の記事が載っていました。ペリーは、往時、大西洋を選択し、太平洋を避けたのです。

勝海舟を艦長とし、福沢諭吉らを団員とする使節団が乗り組んだ咸臨丸が、アメリカへの航路を探ったときにも、太平洋ルートを選択することを躊躇したようです。しかし、使節団は、未知の太平洋を航海し、サンフランシスコに到着するのです。サンフランシスコのゴールデンゲートの橋げたの下には、咸臨丸と刻まれた記念碑が置かれています。

戦後、日本航空が最初に国際線を飛ばしたのも、サンフランシスコ行きでした。現代でも往路が〇〇二便、復路が〇〇一便となっています。さらに戦後日本の独立を期す日米講和会議が開催されたのも、サンフランシスコのオペラハウスです。オペラハウスの前には、講和会議開催のモニュメントがあります。以来、太平洋が開け、今日のアジア太平洋の世界が築かれました。サンフランシスコは、新しい時代の幕開けの象徴だったのです。

日本のこの夏は、サンフランシスコ航海に匹敵する新しい日本の船出の象徴となるかもしれません。サンフランシスコに思いを馳せながら、新しい時代を夢みています。

（八月三一日）

2009年9月

静寂のホテル

オーストラリア南部の都市、メルボルン郊外にモナッシュ大学があります。九州大学とモナッシュ大学の間で交換留学生制度があり、毎年一、二名の学生が相互訪問しています。

イギリスはＥＵに加盟した結果、穀物をフランスから輸入しなければならなくなります。その結果、それまで穀物をイギリスに輸出していたオーストラリアはアジア指向を強め、日本を貿易の相手国とするようになったのです。ちなみに案外知られていないのですが、フランスは世界に冠たる農業国で、食料自給率は一五〇％程度あるのではないでしょうか。

この交換留学生制度の担当者として、毎年メルボルンに出かけていましたが、その時に滞在するホテルが、モナッシュ大学が契約しているホテル・ウインザーです。一八世紀イギリスを偲ばせる風格は、日本では味わえないものがあります。山高帽をかぶり、マントを羽織った高齢のドア・マンが、「ウエルカム」といってホテルの扉を開けてくれるのです。日本と違って、欧米ではこのドア・マンが支配人のように権威があります。

このホテルのサービスは、とても質が高いのです。宿泊費もかなりなものですが、そのサービスの最たるものは、ゲストが要求しない限り、何一つサービスをしないという点にあります。「何もしないこと」がサービスなのです。喧騒な日本のホテルに比較して、ホテルは静寂そのものです。

そういえば、オーストラリアの空港もアナウンスはありません。雑音のない静寂な空港なのです。旅行者は、常に自分で行動しなければならないのです。成熟した社会の姿です。喧騒な選挙カーが消えて訪れた静寂に、新しい日本の成熟を実感したいものです。

（九月七日）

孤独ということ

高齢化社会にあっては、人間は多かれ少なかれ孤独になってしまいます。高齢化社会がもたらす孤独は不幸なことなのか、それとも幸福なことなのか、この孤独という問題をもっと深めて考えないといけないと思います。

北九州市の前の市長、末吉興一氏の二期目の政策は、「高齢化社会総合福祉計画」でした。北九州市は、以前から市民の最大の関心が高齢化にあったからです。

計画策定委員に指名され、高齢化問題に取り組んだ経験があります。調査のため、スウェーデンに視察に出かけました。福祉先進国、スウェーデンにみたものに、高齢化問題の一番大切な課題は、高齢者が孤独を受け入れることができるか否かにあると思いました。高齢化した人が孤独とどのように向き合うかという問題です。独居を問題視する風潮の強い日本で、スウェーデンの孤独は受け入れられるだろうかと、疑問に思ったものです。

訪れた老人ホームは、すべて個室でした。車椅子に膝掛けをした八〇歳くらいの女性が、一人で一〇畳ほどの部屋に住んでいました。部屋の使い方に関していえば、欧米の人々は実に美しく部屋を使います。日本は畳であったせいかもしれませんが、フローリングの部屋でも、雑誌や小物、その他のものを床の上に置いてしまいます。しかし、訪れた高齢の方の部屋の床には、何も置いてありません。本棚に、家族の写真が飾ってあるのみでした。

その部屋に、食事のとき以外は、お一人で暮らされているのです。「あぁ、この人は孤独に強い」と思いました。社会が高齢化する日本にあって、スウェーデンのように、孤独を楽しめる文化を創造できるかどうかが、これからの日本に問われていると思います。

（九月一四日）

鳩山内閣のスタートダッシュ

九月一六日に鳩山民主党内閣が発足しました。閣僚も決まり、いよいよ鳩山政権の本格的な始動です。野党経験しかない民主党にとって、脱官僚政治は自前のことだと思います。というのも、野党であったために、過去において官僚との接触など、ほとんどなかったからです。官僚政治を打破するとは、いいかえれば野党時代の精神を貫くことだと理解すれば、民主党の立ち位置がより鮮明に理解できるのではないかと思います。

閣僚の就任にあたっての記者会見で、驚くべき内容の発言が飛び出しました。後期高齢者医療制度や、障害者自立支援法を廃止に向けて検討するというのです。さらに八ツ場ダムや川辺川ダム建設の中止を口にするのです。きわめてメリハリのある発言です。これらは、自民党政権下だと、紙面のトップを飾る記事になる発言です。

サブプライムローン問題が発生してちょうど一年になりました。往時の麻生内閣に対して、世界同時不況が日本を襲ったとき、補正を計上するだけの予算があるのなら、このような弱者救済に迅速に対応して欲しいと思ったものです。さらに不況対策であるからこそ、何十年も進行していない公共事業は見直すべきだと思ったのです。端的にいえば、国民に温かさが伝わるメッセージが欲しかったのです。

しかし自民党政権は官僚に依存しているために、一度決定したことは、よほどのことがない限り、中止や見直しをしないのですね。鳩山政権は、矢継ぎ早に弱者に対するメッセージを伝えました。年金記録の証明も緩和され、救済される人も多くなります。スタートダッシュに生命をかけた民主党、鳩山内閣の姿の一端を垣間みたような気がします。

（九月二一日）

2009年10月

政権交代の次は世代交代が必要です

自民党は九月二八日の月曜日に、野党としての初の総裁選挙を行いました。三名の候補者の中で、谷垣氏が一回の投票で当選を果たしました。安定感のある人物ですし、柔和な印象があり好感度の高い総裁ではないかと思っています。

しかし自民党の将来を考えると、谷垣氏でいいのだろうかと思ってしまうのです。それは、谷垣氏の政治手腕に対しての疑問ではなく、年齢的な疑問です。六四歳の谷垣氏ですが、来年の参議院選挙に勝利しなければなりません。それよりも一〇月に実施される参議院の補欠選挙にまずは勝利しなければなりません。それはそれとしていいのですが、民主党が小泉郵政選挙を上回る三〇〇議席を超える勝利をあげた時点で、次期の衆議院選挙は四年後と思ってもあながち間違いではないと思います。本来、四年の任期をまっとうする方が、落ち着いて仕事ができます。

四年後の谷垣氏の年齢は六八歳です。そこで政権交代が起きたとして、六八歳の総理総裁は何年続くのでしょうか。四年後に照準を合わせるのではなく、八年後に照準を合わせて自民党の再生を考えるなら、四〇代から五〇代前半の総裁が必要だと思うのです。傷んだ自民党の地方組織を再生するには、それくらいの時間が必要です。その意味で、野党になったこの時期に、思い切って世代交代ができなかったものかと、思っています。

世代交代は、何も自民党だけの問題ではありません。勝利した民主党も、後二回総選挙に勝利するためには、六〇代の鳩山、菅、小沢の三氏ではやや年齢が高すぎます。後継者を選ぶにもどの世代に焦点を当てるのか、世代交代は、これからの与野党の課題です。

（一〇月五日）

海峡の風景

今週は、歴史をたどってみます。かつて北九州市門司区に住んでいたことがあります。関門海峡が近いので、暇な時はよく海峡を散策したものです。海峡には、哀愁があり歴史があります。そしてまた、小説や伝記にもよく登場する場所なのです。

そのころ、小説『大地』を書いたパール・バック（一八九二〜一九七三）の『母の肖像』という自伝を読んでいました。パール・バックのお父さんは中国で布教活動をした宣教師ですが、中国にいる母が病気になったことを知ったパール・バックは母に会うために、アメリカから中国に渡ります。当時は、もちろん船の旅です。

日本を経由して中国に向かうのですが、横浜を出た後、次の寄港地は神戸です。神戸を出ると、そのまま上海に向かうのです。今もそうですが、当時も神戸を出た船は、瀬戸内海を通り、関門海峡を通過します。それから玄界灘を渡り、東シナ海に向かうのです。

日本を離れる最後の風景が関門海峡なのです。パール・バックは、左右に下関と門司をみながら、小倉日明をみるのが最後の日本で、これで日本ともお別れだという惜別の念をもったと『母の肖像』の中で語っています。

評論家、加藤周一も占領時代にヨーロッパに渡ります。帰国の航路も、大西洋、インド洋を回って日本に向かいます。彼の自伝『羊の歌』には、関門海峡を船上から眺めて、日本に戻ったという実感をもったと記されています。遠藤周作も、関門海峡に触れています。

九州の海峡は、航路の節目として、様々なかたちで文学に登場しています。飛行機ではなく航路の時代に、近代という歴史を感じる、それが海峡の風景だと思います。

（一〇月一二日）

トップダウンは新しい情報公開の仕組みです

前原国交相が、羽田空港をハブ空港化すると発言して、物議をかもし出しました。成田空港はどうなるのか、関西空港もハブ空港化すべきだと、成田空港を抱える千葉県知事、関西空港を抱える大阪府知事を中心に、空港論議が一挙に噴出しました。

前原大臣は、結論ありきから議論を始めるため、様々な異論が噴出しました。批判の多くは、民主党は地方分権を推進するといっておきながら、地元不在、地方不在の意思表示で、まさにトップダウンだというものでした。しかし、そうでしょうか。わたしはやや異なった意見をもっています。実は、まず大臣から一定の結論を明示して方向性を提示した結果、利害関係者が一挙に表に出て、議論を始めたのです。千葉県では成田空港で生計を立てている企業、団体関係者が、多くの反対意見を表明したのです。その結果、たとえば成田空港には、誰が利害を感じているかという状況が即座に鮮明になりました。その意味で、前原発言は一種の情報公開を促進したと思っています。

たしかに、前原発言はトップダウンです。しかし前原大臣は、地元の利害関係者との話し合いを拒否しているわけではないのです。トップが示した方向性をボトムがどのようにフォローするかという可能性を秘めたトップダウン・アンド・ボトムアップ同時並行型意思決定だと評価しています。

従来、日本の意思決定では関係者に根回しをし、一定の結論を得てから議論が始まるボトムアップが通例でした。しかし前原大臣の手法は、トップダウンによって、ボトムが鮮明にみえる新しい情報公開の手法の方向性を示していると思います。

（一〇月一九日）

社会は少子化を受け入れるべきです

社会は少子化を受け入れるべきです。こう書けば、多くの批判が寄せられると思います。多くの批判を甘受してもなお、社会が少子化する現象の是非を論じたいのです。少子化に対する多くの議論では、将来、日本の人口が減少することは、労働人口が減少し、その結果、日本の経済力が弱くなるという点、あるいは年金を支払う人口が減少し、年金システムの維持ができなくなるという点、などに焦点が当てられています。

しかしこれらの議論に、わたしは大きな疑問をもっています。日本の近代をみても、明治初期の人口は三六〇〇万人程度でしたし、太平洋戦争終結直後でも、六五〇〇万人でした。その後、倍々ゲームのように人口が増加し、この人口増で一九六〇年代の日本における経済成長が実現したのです。しかし、いつか人口増加は止まります。

そこで人口が減少することに危機感をもっている人は、前述のように生産人口、納税人口が減少することを問題とされています。しかし生産人口、納税人口という人口が増大しても、将来的に人口増に見合う雇用の増大は保障されるのでしょうか。

現在では、企業や行政は、「人減らし」を口にします。実はこれほどリストラの激しい現在、将来において大きく雇用が増大することが期待できるのでしょうか。少子化を克服し、人口が増えたとして、その子どもたちが労働可能年齢になったときに、雇用は確保されるのでしょうか。雇用がこれだけ不安な日本には、人口が増えても、労働する場がなく、所得は少ないのです。少子化を悩む前に、まずは現在の雇用問題にこそ、目を向けるべきです。少子化問題ではなく、今いる若者の雇用にこそ、関心を払うべきだと思っています。

（一〇月二六日）

2009年11月

「負担の政治」を語る時代になりました

先週、鳩山総理は臨時国会の冒頭、所信表明演説をおこないました。自分の言葉で書かれたと思われる演説は一時間にも及び、従来の自民党総理に比べて倍の長さがあったと新聞は伝えています。

その中で、とりわけわたしの関心を引いたのが「国民負担」の問題です。鳩山総理は、「国民負担」の問題にも言及したのです。周知のように、世論調査も予算が九〇兆円を超えることに危惧を示し、財政赤字をどのように解決するかに多くの関心が集まっています。

やや私事になりますが、九月に拙著を出版しました。『失われた政治』（法律文化社）というタイトルですが、基本的な内容は、時代は「利益の政治」から「負担の政治」へと変化していることを説いたものです。先の衆院選の前から、政権交代は必要かもしれないが、それと同時に、いやそれよりも大切なのは「負担の政治」を語ることだと思っていました。

道路、空港、ダムなど公共事業への経費ではなく、福祉、年金、医療、介護、さらに雇用と国民全員の生活を守る厚生、福祉、労働などの問題が山積し始めているのです。一人ひとりに対する金額は、道路や空港、ダムなどと比較して、たいしたものではありませんが、それが国民全体への安心感を保障する額となると、軽く兆単位の金額が必要です。

利権と利益ばかり追い求めていた政治ではなく、利権を捨てて負担を説く政治が必要になってきます。たしかに「負担の政治」は痛みを伴うものですが、時代は明らかに「負担の政治」に変化しています。拙著を読んでくださった市民の方から、同感だというお電話をいただきました。鳩山内閣は恐れることなく、「負担の政治」を展開して欲しいものです。

（一一月二日）

何事も多元的に考える必要があります

「日本とヨーロッパ」という比較がよくなされます。この種の比較には、いつも奇異な感じに襲われます。というのも、日本は一つの国ですが、ヨーロッパは大陸です。比較をするにあたって、自己の立場を小さく限定し、対照する相手を広く捉える習慣はよくみかけます。しかし「日本とイギリス」、「日本とフランス」ならまだ理解できるのですが、「日本とヨーロッパ」となると、比較のレベルが国家対大陸という差異があります。

実は、ヨーロッパは一つで捉えられるほど、一枚岩ではありません。即座にキリスト教文化圏として一枚岩のようにヨーロッパを理解してしまいますが、フランスとイギリス、あるいはドイツとイタリアはまったく文化の異なる国家です。

エドマンド・バークというイギリス人がいます。一七八九年のフランス革命をみた彼は、伝統ある王制を廃止して、フランスは民主主義国家として成り立つのかと、批判しています。そのフランス人に、トクヴィルという人がいます。彼はフランス革命後のフランス民主主義を批判し、アメリカにわたり、アメリカの民主主義を大いに評価しているのです。

あるいはホイジンガというイタリア人がいます。彼はイタリア・ルネサンスを高く評価していますが、その評価にいささか満足のいかないオランダ人、ブルクハルトはオランダにもイタリアに負けない近代への貢献があったのだと述べているのです。

ヨーロッパ人の相互批判を読んでみると、ヨーロッパも一枚岩ではないことが理解できて楽しいものです。何事も多元的に考えることで、理解が大きく広がります。と同時に、オバマ大統領の来日に合わせ、アメリカの多元性にも思いを馳せたいものです。

（一一月九日）

言葉こそ政治家の命です

鳩山総理の所信表明に対して、野党である谷垣自民党総裁が代表質問をしました。それは、総理の所信表明には具体性がないという批判でした。その批判に対して鳩山総理は「半世紀以上にわたって政権の座にあり、今日の日本を作ったのは自民党ではありませんか。そんな自民党から批判は聞きたくありません」と反論したのです。

予算委員会で自民党の長老である加藤紘一氏は、自らが仕えた大平総理の苦悩を語りました。加藤氏によれば、大平総理は、総理として政策の責任を一人で背負い、前の政権だけではなく、野党批判もけっして口にしなかったというのです。加藤氏は、鳩山総理も総理の哲学として、前の政権や野党を批判すべきではないと、総理の哲学を述べたのです。鳩山総理は、野党を批判したことを詫び、加藤氏に感謝の意を表しました。

政治家は、すべからく有権者に温かみの伝わる言葉で話をして欲しいものだと思います。たしかに鳩山総理の答弁には、聞き苦しいものがありました。しかし、谷垣氏には非はなかったのでしょうか。半世紀以上にわたって政権を担ってきたが、選挙によって政権を担うことを付託された民主党のあり方に、賛辞を送る必要はないのでしょうか。

日常的には、敗者は勝者に賛辞を送り、勝者は敗者に協力を要請するのが、一種の美学とされています。政治の世界から美学、とりわけ言葉の美学が失われています。敵に塩をおくるという美学は、もう古い文化なのでしょうか。

権力に驕らないという民主党の言葉も必要ですが、なぜ敗北したのか、率直に非を認める発言もまた自民党に必要です。政治家の命は、言葉にあることを確認したいものです。（一一月一六日）

英語を母国語としない英語の先生

日本の国際化を容易にするために、英語で学べる英語コースが、わたしの職場も含め、日本の多くの大学で開設されるようになりました。この英語コースに、多くの国々から留学生を受け入れています。さらに留学生だけではなく、日本人の学生も英語コースを受講することで、通常の大学生としての卒業要件が満たされるように改革がすすんでいます。

それにしても、日本人の英語に対するアレルギーはいまだに払拭できず、多くの留学生を受け入れている割には、留学する日本人の学生が圧倒的に少ないのです。この問題を解決すべく様々な方策が立てられています。たとえば、使える英語教育をというふれ込みで、センター試験にはリスニングのテストも加わりました。

しかし常日頃、何か英語教育に欠けているものがあるのではないかという疑念にかられています。二年ほど前に英語を母国語としない多くの留学生を連れて、福岡市内の高校生と交流会を企画したことがあります。その交流のあと、高校生の感想文を読んだのですが、一〇〇名近い高校生が「英語を母国語としない人々が、こんなに上手に英語を話すことに、感心しました」とあったのです。そして「英語を母国語としない日本人であるわたしも、もっと英語を勉強しようと思いました」という感想が大半を占めました。英語を母国語としない国の人々の英語に関心を払うべきだと感じました。英語は世界語なのです。

英語教育といえば、即座に英語を母国語とする先生を採用します。しかし、英語が世界語である今日、英語を母国語としない国々、たとえばタイやマレーシアなどから英語の先生を招くことも、日本の学生に勇気を与える意味で、とても大切なことだと思います。

（一一月二三日）

情報公開は信頼を生み出す源です

政府は行政刷新会議の中で、九日間、業務仕分けを実施し、それを全国にネット配信しました。わたしもネットにアクセスして、仕分けの作業を垣間みました。パソコンの画面からは、詳しい討議の内容を知ることには少し困難を感じましたが、会場の緊迫感は十分に伝わってきました。情報を公開することが、いかに正義にかない、市民の要求に応えるかということを感じさせられた九日間でした。

当然、野党・自民党からも賛美が寄せられました。自民党が与党であった時代に、仕分けを手がけた河野太郎氏は、業務仕分けの作業を心の底から評価して「うらやましい」と語ったとも伝えられています。

他方、森元総理は「予算作成の過程に市民に力を借りるのは、政治家の使命を放棄したようなものだ」と批判しています。しかし、鳩山総理の言葉ではありませんが、森元総理に「あなたに言われたくない」と思いませんか。というのも、森元総理は小渕総理が病気で倒れたときに、密室で決められた総理の座に就いたひとではなかったのでしょうか。

中国のことわざにも、情報公開を是とする言い伝えがあります。昔、政治家に賄賂を渡そうとしたとき、「誰も知りませんから、お受け取り下さい」と言われた当事者は「天が知り、地が知り、あなたが知り、わたしが知っています。四人も知っているのに、どうして誰も知らないと言えましょう」と応えたそうです。

市民が政策の応援団なのです。たくさんの応援団を作るには、応援するだけの情報が公開される必要があると思います。まさに情報公開は、信頼を生み出す源なのです。

（一一月三〇日）

2009年12月

ヒマラヤ、アフターモンスーン

世界最高峰を誇るヒマラヤは、南のインド大陸と北のアジア大陸が衝突し、インド大陸がアジア大陸の下にもぐり、めくりあげられたアジア大陸の先端が、ヒマラヤ山脈になったといわれています。そういえば、インド大陸はほぼ平地で、低いインド大陸がアジア大陸の下に入りこんだという説明も、何となく納得のいくものです。

この世界最高峰のヒマラヤを訪れるには、一一月が最高だといわれています。それは気候の関係です。モンスーン気候のアジアでは、モンスーンの間は空が雲におおわれてヒマラヤが雲に隠されるのですが、モンスーン気候がしばし停止する一一月は、大空が一面に晴れ渡り、天空にヒマラヤ山脈が広がるのです。

その説を信じて二度、ヒマラヤ山脈をトレッキングしました。その山脈の高さをどのように表現すればいいのか、わかりません。日本で富士山を見上げて、それは日本で一番高い山だと思いますが、その富士山の後ろに、富士山の二倍もの高さの山々が連なってみえると想像していただければいいのではないでしょうか。経験のない高さに視線をやるのです。すごい、まだ上に、上に雪山がみえる…。それは驚きです。

夜が明ける前にホテルを出て車で山を登り、それからトレッキングを一時間ほど続けると夜が明けてきます。その光景は筆舌に尽くし難いものがあります。自然の偉大さに驚き、温かくした、あま〜いミルク・ティを口にするとき、ヒマラヤ山脈の美しさに感動します。ヒマラヤ・フライトがあり、小型の飛行機で山頂を空から散策できますが、雪は手に取るように近くにあります。アフターモンスーンのヒマラヤに思いを寄せています。

(一二月七日)

百貨店・井筒屋さんと従業員

福岡県北九州市小倉に本店をおく井筒屋という百貨店があります。創業はいつなのでしょうか。戦前からのお店ですから、すでに半世紀は過ぎていると思います。日本の各地に、それぞれ老舗の百貨店があり、それはその地に住む人々がショッピングを楽しむ、一種の憩いの場としての役割を果たしてきました。大食堂があり、屋上には遊園地があったものです。

ずいぶんと前に百貨店の経済学という本を読んだことがあります。顧客の行動をもとにして、各階の売り場が設計されているのです。日ごろ、女性の方が街に出る機会が多いので、通路としての働きをもつ一階は、女性用商品、それも服装などではなく手軽に買える化粧品、ハンカチなどの小物が並べられています。男性は目的をもって百貨店に出かけるので、紳士モノ売り場は、四階、五階にあっても問題はありません。子どもが欲しがるオモチャは不便な八階にあっても、パパ、ママは足を運びます。その結果、百貨店の売り場配置は全国共通で、下層階は女性モノ、上層階は男性モノ、その上に子どもモノとなっています。

お話は脱線しましたが、わたしが言いたいのは、売り場の話ではなく従業員のお話です。その井筒屋が、経営難で社員にこの冬のボーナスを支給しなかったのです。この夏もボーナスカットだったそうです。これは実施的な賃金カットです。しかし、賃金は安くなったものの、社員のリストラを行っていないと聞いています。これは、すばらしい哲学だと思うのです。組合もよく妥協したと思いますが、賃金よりもまず雇用の安定です。それが人々の心に安心を与えるのです。リストラばかりが叫ばれる現在、雇用を大切にし、賃金の配分よりも雇用をとった井筒屋に、そして社員の方々に賛美を送りたいと思います。

（一二月一四日）

与党と野党の間で精神の交代が必要です

鳩山内閣発足後の臨時国会も閉幕し、いよいよ年明けの通常国会の開会を待つだけとなりました。その間、景気はデフレ傾向を強め、鳩山内閣の経済対策が問われています。

与党・民主党は様々な局面で、これまでの日本をつくってきたのは自民党ではないか、その負の遺産を払拭するのに時間がかかり、民主党本来の政策実現にまで時間がかかるという答弁を、しばしば口にします。

しかし待ってください。そのことを十分知ったうえで、政権交代を訴えたのではないですか。麻生政権が実施した一五兆円規模の追加経済対策も、さして効果がなかったから、自民党は野に下ったのではありませんか。その意味で自民党は、野に下ることで過去の責任を取ったのです。ですから、民主党は過去の自民党を批判すべきではありません。

子ども手当て、あるいは高校の授業料無償化に対して、財源が不足していると、民主党は訴えます。しかし、選挙以前に、財源は大丈夫だと訴えて政権を得た民主党に、財源不足論は通じません。その意味で、民主党に与党精神が欠如していると思うのです。

他方、同じことは自民党にもいえます。普天間の問題をテレビでみていると、往時の官房長官であった町村氏は、自分がいかに普天間に苦労したかを語るのです。それは禁句です。苦労したことは否定しませんが、それが実を結ばなかったので、政権を追われたのです。自民党は、過去を誇ってはいけません。いまだに与党精神が抜けきらないのです。

この九月に、政権交代は起きました。しかし与党、野党の精神交代は起きたのでしょうか。政権交代が、与党精神、野党精神の交代に早く変質して欲しいものだと思っています。(一一月二一日)

2010年1月

「記」から「紀」へ

いよいよ二〇一〇年が幕開けしました。年末の新聞を読んでいると、アメリカでは、この二〇〇〇年から二〇〇九年までの一〇年間をどのように呼ぶかが論議されているといいます。たとえば一九九〇年から一九九九年までの一〇年であれば、一九九〇年代と表記すればいいのですが、二〇〇〇年から二〇〇九年を二〇〇〇年代と表記すれば、二〇〇〇年から二九九九年までの一千年を意味してしまうからです。

二〇〇〇年から二〇〇九年までをどのように呼ぶかは、日本語でも問題です。二〇一〇年から二〇一九年までは、二〇一〇年代と表記すればいいのですが、二〇〇〇年から二〇〇九年は、二〇〇〇年代の最初の一〇年と表記する以外、方法はないのでしょうか。

しかしこのような表記が必要とされるのも、日々の記録が歴史となり、年代を構成するようになるからでしょう。日々の記録が歴史になる。この考えはとても重要だと思います。実は、日本語でも日々の出来事が歴史になる経過を表記する言葉があります。それは、「記」と「紀」です。

「記」は日記と書くように、日々の出来事、すなわち物語です。それに対して「紀」は、二〇世紀と表記するように歴史を表します。古事記は

「記」ですが、日本書紀は「紀」です。英語でも、「記」はストーリーですが、「紀」はヒストリーとなり、ストーリーに「ヒ」が付くのです。まさに日々の出来事が歴史を作っていくのです。二〇一〇年の年明けという日々の物語（記）から、未来にわたってどんな歴史(紀)を作り上げるのか、新年の今、わたしたちの気概が試されています。

（一月四日）

『代議士の誕生』再読

日本政治を分析した『代議士の誕生』（原書初版、一九七一年）を再読しました。著者はアメリカの政治学者、ジェラルド・カーティス氏です。大分県出身の佐藤文生氏の選挙に同行しながら、日本政治の集票マシーンを分析した古典的名著です。

カーティス氏は、大分県を取材しているときの住まいが北九州市小倉にありました。そのご縁で、北九州大学の開学記念講演に来られたことがあり、当時、北九州大学に職場をもっていたわたしも、親しくカーティス氏とお話する機会を得たことがあります。

今回、自民党が野に下ったことを期に、政権交代に対する新しい序文を付けて、再版されました。その序文の中に、自民党は総裁の支持率だけをみて政権を維持しようとした、と批判が展開されています。麻生総理より格段に支持率の低かった森総理の時代においてさえ、自民党は勝利していたころのことです。総理の人気ではなく、自民党そのものへの支持が衰退していった過程をもっと直視すべきだという、自民党に対する警句も付け加えられています。

実は、有権者は麻生総理に愛想を尽かしたのではなく、自民党に愛想を尽かしていたのです。このことを思い起こせば、政権奪取を目的とせず、愚直に党の再生に取り組むべきなのです。野党経験のない自民党は野党としてどのように有権者と接すればよいのかといううとまどいを感じさせます。自民党が強くならないと、民主党も強くならないのです。

その意味で、自民党の再生に、日本の未来が託されています。新鮮な自民党が必要です。今夏の参院選を興味あるものにするためにも、自民党の奮起を待ちたいものです。にもかかわらず、自民党候補者選定には、古い自民党しかみえません。残念です。

（一月一一日）

二頭の象のお話

記憶は確かではないのですが、インドでの言い伝えだと思います。インドには、こんな諺があるそうです。それは「二頭の巨象が争うと、傷むのは足元の草だけだ」というものです。先週末から、小沢民主党幹事長の政治資金管理団体、陸山会の収支報告をめぐって、三人の逮捕者を出し、日本の政治は一挙に検察vs民主党という様相を呈してきました。

東京地検特捜部は、やはり大きな権力です。なにしろ、人を逮捕し身柄を拘束できる権力をもっているのです。それに対して、民主党も巨大な権力です。というのも、昨年の九月以来、民主党は政権を担うようになったのです。

この検察vs民主党という二頭の巨象の対立が始まりました。この巨象の対立は一八日から開かれる通常国会にも反映し、野党からの激しい民主党攻撃が始まると予想されます。市民は、たしかに政治とカネの問題の透明性を求めています。しかし同時に、この経済不況にあって、市民生活をどのようにまもるのか、政治への期待もまた、大きいいものがあります。検察vs民主党が争う限り、傷むのは足元の草であるわたしたち市民なのです。

そこで、検察にも民主党、とりわけ小沢さんにも、望むものがあります。それは、国民目線に立って欲しいということです。まず検察は、今回の疑惑が国会を混乱に陥れるような重大な事件であるかどうかを、十分に国民目線で説明すべきです。他方、小沢さんは国民が期待している線を越えて、「小沢さん、もう十分理解しましたから、説明はもういいです」とわたしたちが思うまで、何度も何度も、資金のあり方について説明すべきです。

二頭の巨大な象が争ったが、足元の市民は豊かになったと思える結果を期待しています。

（一月一八日）

二つの立場

鳩山由紀夫氏は、二つの立場をもっています。一つは「総理大臣」という立場です。もう一つは「民主党代表」という立場です。わたしは国民の一人として、総理大臣を選択することに関与しています。というのも、昨年八月の総選挙で、投票権を行使したからです。しかし、わたしは民主党員ではありませんから、鳩山さんを民主党代表に選択することには関与していません。

このことからも明らかですが、鳩山さんには、国民全体から選ばれた「総理大臣」という立場と、民主党内部で選ばれた「代表」という二つの立場があり、それが矛盾するとき、総理大臣という立場を優先させるのは、自明の理です。

鳩山さん個人は、小沢一郎氏に対して、民主党の「代表」と「幹事長」という関係と、「総理大臣」と「国会議員」という二つの関係をもっています。この二つの関係の軽重を問われるとき、「総理大臣」と「国会議員」の関係がより重いのも、自明の理です。

この自明の理を踏み外してはいけません。民主党員の「代表」と「幹事長」という関係では、小沢さんの無実を信じるのは自由ですが、それを総理大臣として口にしてはいけません。総理大臣という立場からは、議員である小沢さんの疑惑を正す必要があるのです。

二つの立場がしばしば混乱する鳩山さんの発言に、有権者は今のところ「与党慣れしていない」と寛容ですが、限度があります。二つの立場を明確に区分し、国会運営をスムーズにして、予算案を一日も早く可決することで、国民生活を安定させて欲しいものです。鳩山さんに総理としての、そして民主党に与党としての自覚が増すことを望んでいます。

（一月二五日）

2010年2月

思い出のＪＡＬ

一九八五年のプラザ合意によって、一ドルが一二〇円にまで安くなりました。それ以後、安くなったドルを片手に、多くの日本人が海外旅行を始めたのです。

わたしも最初に仕事で海外に出かけたのは、一九八二年でした。当時、一ドルはまだ二四〇円でしたが、そろそろ海外旅行も一般の人々の手に届く時代になり始めていました。初めての海外での仕事ですので、ＪＡＬを選びました。というより、ＪＡＬに乗ってみたかったのです。目的地はサンフランシスコでした。このコラムでも一度取り上げたのですが、ＪＡＬが戦後初めて海外に飛んだのがサンフランシスコです。そのため往路が〇〇二便、復路が〇〇一便となっています。今でも同じ時刻だと思うのですが、夕方四時ごろに成田をたって、日付変更線を通るので、同日の午前一一時ごろにサンフランシスコに到着しました。

機内は、まだ外国人の方が多かったと記憶しています。当時はスチュワーデスと呼んだのですが、機内では女性の客室乗務員の一人が和服に着替えて、機内サービスをしたものです。日本人には思い出深いＪＡＬですが、今日（一月三一日）の朝日新聞西部版には、売却するためにＪＡＬのマークを白く塗って消したジャンボ機の写真が掲載されています。

かつては世界で一番多くのジャンボ機を保有したのが、ＪＡＬでした。思い出は尽きないのですが、そういえばいつの頃からかあまりＪＡＬを利用しなくなっていました。ヨーロッパへは、エール・フランスや、今は廃止されたサベナ・ベルギー航空、あるいはキャセイ航空を利用したものです。ＪＡＬは、価格が高い、福岡からは不便等の理由が重なったからです。わたしも利用者として、知らない間にＪＡＬ離れを起こしていたのだと、思い返しています。

（二月一日）

「意識」を共有できますか

冬季オリンピックに参加するある選手の服装が、問題となりました。批判は、「あまりにも幼稚だ」、あるいは「常識に欠ける」といった類のものでした。わたしは、批判のあり方にかなりの疑問を抱いています。それは、批判を重ねても、当の選手の心に批判が届いたかどうかという点にあります。

かねがね、常識という言葉をあまり使わないようにしています。常識がある、常識がないといった言葉のやり取りでは、「常識がなくて何が悪いの」という常識破りの人々の声が返ってきそうな気がしてならないからです。常識は英語で、コモン・センスといいます。「コモン」とは共有することを意味し、「センス」とは意識を意味します。実はコモン・センスは常識ではなく、「あなたとわたしは、ある意識を共有していますか」という問いかけなのです。

「常識がなくて何が悪い」という批判は、常識という言葉からは生まれるかもしれません。しかし質問を変えて、「あなたはこの規則、あるいは意識を共有できますか」とたずねるべきだと思っています。そうすれば、「規則を共有できません」という返事がきた時点で、選手としての意識を共にできない以上、選手から外されるべきなのです。実は、質問が悪いと思っています。意識の共有は、強制されてするものではありません。あくまでも自主的な判断です。自主的に共有できなければ、メンバーになれないのです。

常識や規則といった上から目線の言語ではなく、主体的な同意を必要とする言葉を使うべきだと思っています。そのことで、共有できない人々の自覚が芽生えると思っています。（二月八日）

二つの責任

先週、党首討論が開かれました。今回の党首討論も、想像の域を出ずに、大半は「政治とカネ」の問題で終始してしまいました。

野党だけではなく、国民はやはり鳩山総理と小沢幹事長をめぐるお金の問題について、説明責任は果たされていないと思っているのです。一般的に責任には、「刑事的責任」と「社会的責任」の二つがあります。「説明責任」とはこの「社会的責任」の範疇に入ります。

鳩山総理の献金問題も、小沢幹事長の政治資金問題も、秘書には刑事的責任が求められましたが、お二人は刑事的責任は免れています。それをもって、お二人は「これ以上説明する必要がありますか」と答弁されるのです。しかし「刑事的責任」が問われなかったからといって、「社会的責任」を免れているわけではありません。

鳩山総理についていえば、献金を贈与として取り扱い、贈与税納付を勧告されただけです。一般社会では、これだけ贈与申告が遅延すると、罰則として重加算税が課せられます。しかし鳩山総理は、それも免除されました。であれば、重加算税に相当する額を、何らかの団体に寄付して欲しいものだと思います。それが「社会的責任」です。

小沢さんについていえば、秘書が献金を帳簿に記載しなかったことは、知らなかったとしても、事後において知ったのです。知った限りにおいては、なぜこのような事態が発生したのか、そして刑事的には立証されなかったとしても、事件の経緯を説明することは、「陸山会」を政治資金管理団体として政治活動をしている政治家の「社会的責任」です。

お二人も、早く「社会的責任」を果たして欲しいものです。

（二月二二日）

2010年3月

得点の差に納得していますか

日本人のわたしたちにとって、冬季オリンピックの最大の関心事であった女子フィギュアも、キム・ヨナ選手の優勝で幕を閉じました。女子としては、初めてトリプル・アクセルを三度成功させた浅田真央選手は、惜しくも二位となりました。しかしキム選手との得点の差は二〇点以上もあり、順位はさておいても、得点のあり方に疑問を抱いたものです。というのも、果敢にトリプル・アクセルに挑戦し、三度成功させた浅田選手に対する評価が低すぎるからです。肉薄した得点結果であれば、それなりに納得したものです。

そんな考えは、わたしだけがもっているのかと思っていました。いろいろなニュースをネットでみていると、こんな記事（時事通信、二九日）に出会いました。男子四回転、女子三回転半という難易度の高いジャンプを成功させた選手が二位となったのでは、これから難易度の高いジャンプをしても優勝できないのではないかという選手側の判断が働くのではないか。その結果、競技の難易度が低下するのではないか。それを回避するには、難易度が高いジャンプをすれば、ジャンプを途中で失敗しても中間点を加算して、得点を高める案を国際スケート連盟は開始すると、そのニュースは伝えています。

順位は時の運ですから、それほど問題には思わないのですが、あれだけ果敢に挑戦した浅田選手は、ノーミスでもキム・ヨナ選手の得点を超えることができないとなれば、これから続く選手が難易度の高い競技に対するインセンティブを失ってしまいます。

今回、浅田選手、キム選手、どちらが金メダルをとってもおかしくないライバルの登場でした。納得がいかなかったのは得点の差です。それに連盟も気づき始めて安心しています。（三月一日）

普天間の問題

「受益者負担」という言葉が一時期、盛んに使われました。この言葉の意味は、受益と負担の間に、等しい関係がなければならないという点にあります。たとえば、生命保険などは、負担額に応じて、受益の大きさも異なるのです。公共料金にも、受益者負担という原則が適用されたものです。一般に電車、バス、あるいは電気、ガスといった公共料金は、過大なコスト負担を市民にかけてはならないため、もし負担が大きい場合には、料金を低く抑えるために、政府はコストの一部を負担するという場合もありました。しかし財政赤字の中で、政府負担も限界がみえてきたときに、受益者負担が語られ始めたのです。

受益と負担の間にそれなりの応分の関係があれば、それはそれとして負担のあり方を論議することは、可能です。しかしこの受益と負担の間に、等しい関係を示すことができない課題がありま す。それは、原発やゴミ処理場の建設問題などです。原発や処理場の場合、建設される地元の人々の負担は明確になるのですが、電気やゴミ処理の利益を受ける人々は、国民全体に及び、受益者を特定できないのです。

実は基地問題もまた、この受益と負担の関係の応分性が著しく損なわれる、大きな課題です。基地の防衛によって利益を受ける人々は国民全体ですが、基地の負担を強いられる人々は、基地周辺の一部の人々に限られるのです。このアンバランスが大きいのです。

基地がもたらす負担が応分になるように、大きな政治的支援が必要です。基地をもたない人々は、基地の人々にどれだけの負担を支援すればいいのか、移転先の問題とともに、支援のあり方を市民レベルでも議論する必要があるのではないかと思います。

（三月八日）

平等という考え方

平等とは何か、難しい問題ですが、一番身近で、一番わかりやすい平等は、「法の下での平等」ではないかと思います。この考えは、法はどのような立場にある人であろうとも、平等に適応されるというものです。どのような立場にある人でも、運転免許をもたずに自動車を運転すれば、道路交通法違反の罪に問われるのです。

では一票の重みは、法の下でどのように平等に守られているのでしょうか。一票の格差の問題です。現状の格差に対して、東京高裁では合憲が、福岡高裁では違憲が言い渡されました。裁判所によっても判決が異なるほど、票の重みが平等に扱われているかどうかを判断することは、きわめて困難なのです。

しかし票の場合は、平等を図るにあたって、まだ容易な問題に属すのではないかと思います。というのも、有権者の数と議席数を考慮すれば、数字として不平等がみえてくるからです。他方、憲法二五条にある「すべての国民は、健康で文化的な最低限度の生活を営む権利を有する」という条文の下での平等となると、判断はきわめて困難です。

かつて新聞の投書で目にしたことがあるのですが、人口の少ない地域に住む人が「文化的な生活を送るために、過疎地は不利な条件にあります。音楽会、文化講演会などを楽しむにしても、遠く大都会に出かけなければならないのです」とありました。過疎地は選挙では過剰代表状態にあるかもしれません。しかし文化的には疎外されているのです。その意味で、平等を単に選挙権だけの問題ではなく、もっと広く国民生活の視点から捉えなおしてみたいものだと思っています。

（三月一五日）

確定申告の時期です

平成二一年度の確定申告は、三月一五日で締め切られました。確定申告の度に、税の不思議さ、とりわけ所得税の不思議さを感じます。所得税とは、理由の如何にかかわらず、AさんからBさんに金銭が移動したときに課されます。理由は問わないので、お香典は非課税ですが、結婚祝い金なども、実は所得に合算されて課税対象となります。

しかし不思議なものです。たとえば、ある企業が営業成績を上げると、その成績に応じて、企業に法人税が課されます。法人の総収入から法人税を差し引いた分が、企業の純益として計上されます。

純益として計上された利益から、社員に給与が支払われるのですが、社員はまた所得税を支払います。企業として課税された後、純益であっても、法人から社員に金銭が移動するとき、所得税が課されるのです。これは、二重課税ではないでしょうか。

これだけだといいのですが、個人としてAさんが、所得税を納入した後の純所得の一部を貯金します。そうすると、貯金の利子にも、また課税されるのです。これは、三重課税ではないかと思います。まさに、金銭が動く度に、課税されるのです。

税金を払った後のお金を貯金して、子どもに与えると贈与税が課されます。消費税も同様です。所得税を支払った後の給与で、何かモノを買えば、さらに五パーセントの消費税が課されます。税金は、屋根の上にまた屋根があり、その屋根の上にまた屋根があるように、何重にも課されているのです。いったい、何度課税されているのかを考えるのも、納税者意識を高めるうえで、面白いのではないかと思っています。

（三月二二日）

歴史には教訓があります

鳩山民主党が政権を取って以来、半年が経ちました。その間、民主党は党内の問題と、政策の課題に直面しました。党内の問題とは、小沢幹事長の政治資金問題です。自民党の政治とカネをめぐるスキャンダルにいや気がさした国民は、民主党に清潔なものを求めたのですが、期待は裏切られました。他方、政策の課題とは、普天間問題、郵政問題です。確たる政策的解決案もないまま、ただ時間だけが過ぎていきます。

このような民主党への期待外れに、鳩山政権、あるいは民主党に対する有権者の支持率は、低下の一途をたどっています。しかし野党である自民党への支持率が、だからといって増大しているわけではないのです。自民党に対して、民主党という受け皿があったのですが、民主党に対して、新しく受け皿がないのです。総理の弟である鳩山邦夫氏は、民主党の受け皿を作るべく、自民党を離党したのですが、後に続く人は出てきてはいません。

では、この混乱をどのようにみればいいのでしょうか。歴史にはそれなりに教訓があります。周知のように、一九五五年に旧自由党と旧民主党が合同して、自由民主党ができあがります。当時の新聞、雑誌を読んでみると、保守合同以後、呉越同舟の二つの党が即座に一体化してはいないことがわかります。明日には、分裂するのではないかという記事ばかりが目立ちます。その自民党が長期政権を担うまでに安定したのは、一九六〇年代に入ってからです。とりわけ東京オリンピックの成功、新幹線の完成が自民党に安定をもたらします。

現在の経済的混乱は、戦後の混乱に似たものがあります。混乱期には、政党も混乱するのでしょう。国民には不幸なことですが、政治が安定するには、あと少し時間が必要です。　（三月二九日）

あとがき

日本において市民が社会力を創造するためには、三つの「交代」が必要だと思っています。一つは政権交代、二番目は世代交代、そして最後に政治機能の交代です。

政権交代は、二〇〇九年の九月に起きましたので、一つの条件は克服されています。なぜ政権交代が必要なのでしょうか。わたしは、とりたてて自民党支持でも民主党支持でもありませんが、長期政権はやはり腐敗を生むと思っています。政権交代は腐敗を防止する最大の手段です。

政権交代とは、政権の引越しです。読者のみなさんも引越しをされた経験があると思いますが、引越しをするとたくさんの引越しゴミが出ます。政権も引越しすれば、おのずとそこにたまったゴミが掃除できるのです。政権ゴミの掃除のために政権交代は必要だと思っています。たとえば、自民党が引越しし、民主党が政権を担った目玉政策は、自民党時代のムダの削減で、その典型が「事業仕分け」でした。

二番目に必要なのは、政治の世界における世代交代です。時代の変化に政治の歩調を合わせていくには、若い世代への交代が必要です。残念ながら、これにはまだ日本の政治は成功していません。一九九六年に民主党が結成されました、その一三年後に民主党は政権を執ったのですが、プレーヤーの顔ぶれを見ますと、鳩山氏、小沢氏、菅氏の三者がいまだに民主党を牛耳っています。

二〇一〇年の六月に、鳩山党首と小沢幹事長が辞任しました。このときに、民主党は一挙に世代交代をしておくべきだったと思います。菅さんが代表選に出馬したために、鳩山、小沢、菅の世代がいまだに政権のたらいまわしをしているのです。この三者はまさに民主党を政権党に飛躍させたスターですが、その活躍は結党以来一四年も続いているのです。

この「あとがき」を書いている最中（九月一四日）に民主党代表選挙が行われました。結果は小沢さんが敗北し、菅さんが勝利したのですが、小沢さんは菅さんの後を再度うかがっていると新聞は伝えています。これでは民主党の世代交代はまだまだ遠い将来のことなのでしょうか。

だからといって、自民党が世代交代に成功しているわけではありません。谷垣総裁、石原幹事長、石破政調会長、小池総務会長は、過去五年近くポスト小泉時代を賑わした人々ですが、その人々がいまだに自民党の中枢を握っています。日本の社会を変革するためにも、新しい世代の出現を待ちたいものです。

最後に政治機能の「交代」です。実は、これが日本社会を変えるために一番必要な交代だと思っています。小沢さんの政策に、政府が地方に配分する補助金を、政府のひも付きではなく、一括地方の自由裁量に任せようという案があります。たしかに自由裁量が増えて、地方は、地域は従前と比較して、それなりにゆたかになるかもしれません。しかし、税金の配分の額や配分の方法を変えて、地域主権を確立するという意味で、政策の基本にある考え方は、お金のかかる財政を基本としています。その意味で、政治の機能とは財源の配分にあるというオーソドックスな考え方が、いまだに根強く生き続けています。端的にいえば、政府（上）から市民（下）に対して、財を配分するという発想が基本なのです。

この従来型の政治機能に代えて、新しい政治機能が必要とされていると思います。では、新しい機能とは何なのでしょうか。それは、市民（下）の人々が自由に活動できるように、政府（上）は規制を緩和し、市民の活動を引き出す機能です。

市民はすでに一定の知識と私財を蓄積しています。それを自由に使用できる条件を作るのです。たとえば、大学は学生総数によってキャンパス面積を増やすように、国から規制されています。このキャンパス容量の規制を廃止すると、広大な面積が自由になります。この空いた容量を市民が自由に使用できるようにするのです。福祉目的で、高齢者用の公園を造るのも一案です。私学助成という財政事項を撤廃し、私学に対して財政的な補塡をする代わりに、キャンパスの自由使用を認める方が、私学の社会貢献度は一段と高くなると思います。

また、デイケア・センターが補助金をもらっていると、そのセンターは介護の必要な人とヘルパーさんだけしか使用できません。この規制を取っ払うと、デイケア・センターで井戸端会議も開けるし、介護を必要としない高齢者も遊び場所として利用できます。規制がいかに市民の自由な活動を制限しているかに、日本の政治家は思いを馳せるべきでしょう。

この新しい政治機能は、上からの財源の配分を基本とするのではなく、下からの市民の活動を吸い上げる働きを意味しているのです。この政治機能の「交代」こそ、これからの地域づくりの基本となるべきものだと思いますし、その可能性を説いたのが、この作品です。

初出について触れておきます。第Ⅰ部は、この本のために書き下ろしました。第Ⅱ部は、「公明新聞」に随時掲載した記事を加筆訂正したものです。「公明新聞」の論説委員長である峠淳次さんとは、政治的立場や政治に対する考え方の相違をこえて、個人として長いお付き合いをさせていただいています。「公明新聞」は政党の機関紙ではありますが、公明党と関係のない中立的な立場の人の意見も掲載したいといってお招きいただいたことが契機となって、この第Ⅱ部はでき上がっています。第Ⅲ部は、九州朝日放送のホーム・ページに掲載したコラムをまとめたものです。

最後になりましたが、今回の出版もまた、法律文化社・取締役である田靡純子さんにお世話になりました。田靡さんに出版の機会をいただいたものも、これで一二回目になります。かつてある出版社の編集長から、気心の知れた編集者を生涯もつことが、研究者にとって重要ですとアドバイスをいただいたことがあります。その編集長が働いておられた出版社は、残念ながら不況のあおりを受けて倒産してしまいましたが、そのアドバイスを実現していただいたのが、他ならぬ田靡さんでした。今回もまた、彼女のご支援、ご援助に心からお礼をお伝えします。

二〇一〇年九月一四日

酷暑の夏を越えて、秋雨の走りを感じさせる九月の朝に

藪野祐三

◀著者紹介▶

藪野祐三（やぶの　ゆうぞう）

現在　九州大学名誉教授
専攻　現代政治分析

【単　著】

『現代政治学の位相―行動論以後と政治社会学』（九州大学出版会，1981年）
『現代政治学の方法―D・イーストンの「政治の世界」』（法律文化社，1981年）
『近代化論の方法―現代政治学と歴史認識』（未來社，1984年）
『先進社会のイデオロギー［Ⅰ］―ソシオ・ポリティクスの冒険』（法律文化社，1986年）
『先進社会＝日本の政治［Ⅰ］―ソシオ・ポリティクスの地平』（法律文化社，1987年）
『先進社会＝日本の政治［Ⅱ］―「構造崩壊」の時代』（法律文化社，1990年・［増補版2006年］）
『先進社会＝日本の政治［Ⅲ］―21世紀への統治能力』（法律文化社，1993年）
『日本政治の未来構想―いま何をなすべきか』（PHP 研究所，1994年）
『ローカル・イニシアティブ―国境を超える試み』（中央公論社〔中公新書〕，1995年）
『先進社会の国際環境［Ⅰ］―ローカル・イニシアティブの創造』（法律文化社，1995年）
『先進社会の国際環境［Ⅱ］―21世紀システムの中の国家』（法律文化社，1998年）
『先進社会のイデオロギー［Ⅱ］―システムとアクターの相克』（法律文化社，2001年）
『ローカル・デモクラシー［Ⅰ］―分権という政治的仕掛け』（法律文化社，2005年）
『ローカル・デモクラシー［Ⅱ］―公共という政治的仕組み』（法律文化社，2005年）
『失われた政治―政局，政策，そして市民』（法律文化社，2009年）

【共編著】

『比較政治学の理論』（東海大学出版会，1990年）
『アジア太平洋時代の分権』（九州大学出版会，2002年）
『国際関係用語辞典』（学文社，2003年）

Horitsu Bunka Sha

2010年11月20日　初版第1刷発行

社会力の市民的創造
―地域再生の政治社会学―

著　者　藪　野　祐　三

発行者　秋　山　　泰

発行所　株式会社　法律文化社

〒603-8053　京都市北区上賀茂岩ヶ垣内町71
電話　075(791)7131　FAX　075(721)8400
URL:http://www.hou-bun.co.jp/

印刷：西濃印刷㈱／製本：㈱藤沢製本
装幀　白沢　正
ISBN 978-4-589-03312-3

藪野祐三著

失われた政治

◆政局、政策、そして市民

●四六判・一六八頁・二一〇〇円

「政権交代」で日本政治は変わるか。「利益の政治」から市民主導型の「負担の政治」への新しいパラダイムを提示する。政治を超える自立した生活空間の創造を説いた、市民のための政治入門書。

目　次